自然知能と類推思考

：学校前・外知識を見直す

中井 孝章

日本教育研究センター

目次（CONTENS）

I．自然知能と再入力 …………………………… 1
　　──G.M.エーデルマンの神経細胞群選択説

1．自然知能の再定義 ………………………………… 1
2．神経細胞群選択説における三つの原理 ………… 5
　　──再入力を中心にして
　①神経細胞群選択説とは何か
　　　──再認と教示
　②再入力と縮退
　③再入力と「メタファー＝アナロジー」

II．自然知能としてのアナロジー ……………… 21

1．未知と既知を繋ぐ推論 …………………………… 21
2．就学前児童のアナロジー ………………………… 25
3．アナロジーと多層制約理論 ……………………… 30
4．比例関係としてのアナロジー …………………… 34
5．物理領域と心理領域のあいだのアナロジー …… 37
6．アナロジーとメタファー ………………………… 39
補節．共感におけるアナロジーの論理 …………… 44
　　　──C.R.ロジャーズの「共感」を超えて

Ⅲ．アナロジーと演繹・帰納・アブダクション……… 51

1．分析的推論と拡張的推論………………………………… 51
2．演繹・帰納・アブダクションの相互比較……………… 53
3．他の推論からみたアナロジー…………………………… 57

Ⅳ．アナロジーからアブダクションへの進展………… 63

1．ルール学習におけるアナロジーからアブダクションへの移行……………………………………………………… 63
2．ブートストラッピング・サイクル理論におけるアナロジーからアブダクションへの移行………………………… 80

Ⅴ．学校知識を駆動する演繹的推論………………………87

1．学校知識の構成法………………………………………… 87
　　――要素還元主義を中心に
2．増殖する学校知識………………………………………… 95

　文　献……………… 101
　あとがき……………… 105

Ⅰ．自然知能と再入力
　　——G.M.エーデルマンの神経細胞群選択説

1．自然知能の再定義

　一般に，私たち人間が，生まれながらにしてアプリオリに持っている知能のことを「自然知能」と呼ぶが，それは，近年，ChatGPT や生成 AI などで話題になっている「人工知能」と対比されることが少なくない。近年，郡司ペギオ幸夫によって「自然知能」と「人工知能」以外に，「天然知能」が提唱された。郡司によると，「天然知能」とは「知覚されないものに対しても存在を許容する能力」[郡司ペギオ幸夫, 2019：32] と定義される。なお，天然知能については，本書の目的と無関係であることから別の機会に言及するが，この新しい概念もまた，「自然知能」と同様，「人工知能」との対比で生み出されたものである。

　外山滋比古は，自然知能を私たち人間に備わった「生得的能力」とした上で，その具体例として，病気から自然に回復する「自然治癒力」をはじめ，「気配察知」能力，「リズム」力，「計算力」，「経験知」等々のさまざまな能力を列挙している［外山滋比古, 2024］。こうした，外山の自然知能についての規定を尊重しながらも，本書では，Rootport が

述べるように，自然知能を「入力として複雑な課題を与えられたときに，その解決策を出力する能力［正確には，「自然」知能ということで「生得的能力」―筆者］」［Rootport, 2024：436］と捉えることにしたい。

このように，「自然知能」を最広義の問題解決能力として定義することで，人間のみならず，広範囲にわたる生物を「自然知能を持つ存在」として捉えることができる。Rootportが述べるように，「ミミズの小さな脳は『葉を効率的に巣穴に引き込む』という課題に対して，『葉の細くなった箇所から引き込む』という解決策を出力できる。ごく原始的なものだが，これは知能と呼べる。」［Rootport, 2024：436］あるいは，「大腸菌は鞭毛を回して泳ぐことができるが，グルコースの濃度上昇を感知すると方向の回数を減らし，濃度が低下すると逆の反応を示す。……つまり大腸菌は『より効率よく糖分を吸収する』という課題に対して，『泳ぎ方を変える』という解決策を出力する能力を，進化の過程で遺伝的にプログラムされているわけだ。」［Rootport, 2024：436-437］，と。ミミズや大腸菌は，入力に対する出力を持つという意味で，「知能」を備えているわけであり，「知能を持つためには，ヒトのような意識や自我，主観的経験を備えている必要はないのである。」［Rootport, 2024：438］

裏を返すと，知能は，生得的能力として備わっている，最広義の問題解決能力だと定義することで，すべての生き物に共通の，原初的，非言語的なものだと捉えることができる。したがって，「知能」は，私たち人間の有する意識・自我・言語を超えて存在しているのだ（それ

が人間にも当てはまることはいうまでもない)。

　裏を返せば，これまで，自然知能，特に人間のそれは，I.カントの「正しい認識を形成する能力」に典型的であるように，高度な認識能力だとみなされてきた。カントの自然知能の捉え方は，当時，神から人に付与された，完全かつ超自然的な認識能力を批判したことにおいて画期的な捉え方であったが，それでもなお，レベルが高すぎたのである。

　あらためて，筆者としては，自然知能を，外部から入力されたその都度の課題に対する出力，すなわち広義の問題解決能力であると捉え直したい。最広義の問題解決能力ということでは，私たち人間もミミズも大腸菌も，何ら変わりはないのである。しかも，すべての生物にとって外部から付与される課題は，複雑なものばかりなのだ。自然知能である限り，人間（ヒト）と生き物は，まったく同一線上にあり，両者を分かつ境界線は存在し得ないのである。

　以上述べたことを大前提に，私たち人間の子ども（幼児）に目を移すと，周知のように，就学前児童はわが身にふりかかる課題に対する解決策について考え，それを表現することが，かなり困難であるようにみえる。むしろ，私たちが幼児に大人と同程度の能力を求めることは，見当違いである。というのも，後で詳述するように，幼児は大人と比べてはるかに少ない経験・知識（＝既知）しか持ち合わせていないからである。幼児が既知をほとんど持っていない以上，それを足がかりにいま，ここで直面している課題に適切に対処することは，困難で

ある。

　こうして，生まれてまもないことから既知が過少な幼児は，自然知能のうち，何を頼りに，この，知性の萌芽である問題解決（課題解決）に取り組めばよいのであろうか。そこで筆者が考えついたのが，数少ない，過去の経験・知識を利用する類推思考もしくは類似思考（アナロジー）である。幼児は自然知能のうち，このアナロジーを最大限，利用することで自らの課題を解決しているのではないか。裏を返せば，一般的な常識に反して，大量の知識を体系的に学ぶ，学校教育を受ける以前の幼児であっても，こうした一定の能力を持ち合わせていて，幼児なりに課題に対処できるし，実際に対処しているわけである。学校教育を受けるようになってからでないと，課題解決に取り組むことができないと考えるのは，大人の偏見にすぎないと考えられる。

　ただ，就学前児童の自然知能の一つとしてアナロジーを具体的にみていく前に，人間発達の初期にアナロジーがどのような脳神経基盤およびそのメカニズムを通して生み出されるのかについて解明した（と解釈できる）G.M.エーデルマンの学説を敷衍することにしたい。また，エーデルマンの学説については，それを自らの学問構築に据える，文学者，大嶋 仁 と，精神病理学者，兼本浩祐の研究を参考にする。

2．神経細胞群選択説における三つの原理
　　——再入力を中心にして

① 神経細胞群選択説とは何か——再認と教示

ところで，C.ダーウィンは，進化について自然淘汰説を提唱したが，エーデルマンは同学説をまず，免疫系において展開した（抗体分子構造の解明によってノーベル生理学賞を受賞）。その後，彼は，進化・免疫系と同様の淘汰が神経細胞（神経系）においても働くと考え，「神経細胞群選択説（Theory of Neuronal Group Selection：TNGS）」（以下，TNGSと略記）を提唱した。一般に，同理論は「神経ダーウィニズム」と呼ばれている。

TMGSとは何か——それは，ダーウィンの「集団的思考」という概念・考え方を神経細胞に適用したものである。ここで「集団的思考」とは，「機能しうる構造（形態）や生物個体は，同じ集団に属する多様な変異を抱えた個体が，互いの生存をかけた競争において淘汰選択される結果として出現する」[Edelman, 2004=2006：49]というものである。集団的思考は，TNGSが適用される進化であれば生物グループ，免疫系であれば抗体分子グループ，神経細胞であれば神経細胞グループという具合に各々，対応する。

重要なことは，TNGSという「集団的思考に基づいたモデルは，多様な要素（状態）からなる豊富なレパートリーの中から，特定の要素（状態）が選択されるという考えのもとに構成されている」[Edelman, 2004=2006：50]と捉えることである。次に，TNGSがどのような点で画期的な知見であるかについて，免疫系を中心に述べたい。

従来の免疫学理論においては，抗原が外部から生体へ侵入すると，

抗原が抗体分子に自らのタイプを押しつけ、そしてそれ以後、そのタイプによって抗体タンパク質が合成されると考えられてきた。つまり、従来の学説は、抗原が抗体に対して構造情報を教えるというものであり、この現象は「教示(instruction)」[Edelman, 1992=1995：88]と呼ばれた。従来、免疫系は、いわゆる「教示主義(instructionism)」[Edelman, 2004=2006：184]を前提に理解されてきたのだ。

ところが、エーデルマンは、この、従来の免疫学理論に異を唱えた。つまり彼は、抗原が抗体に情報を教示するのではなく、むしろ抗原分子に対してさまざまな種類の抗体のある細胞グループが予め準備され（てい）るだけであり、抗原がその中のどの細胞グループとマッチングするかは、事後的に選択されると捉えた（実際、そのことを、彼は実験で実証した）。彼は、抗原と抗体分子グループとの「適応的マッチング」[Edelman, 1992=1995：97]のことを「再認(recognition)」[Edelman, 1992=1995：97]と名づけた。「再認は一つの淘汰であり、情報伝達による直接的教示は何もない。」[Edelman, 1992=1995：97]エーデルマンは、それを「選択主義(selectionism)」[Edelman, 2004=2006：186]と呼び、「教示主義」に対置したのである。

よくよく考えると、再認と教示の差異は、前述した、自然知能と人工知能の根本的な差異と重なる。前述した免疫系を神経系に置き換えると、脳をチューリングマシン（コンピュータ［ニューラルネットワーク］）に擬える人工知能の場合、外にプログラマーがいて、彼らが特定のプログラムやアルゴリズムを情報処理装置にインプットしてそのマシン

を稼働させるしかない。それは、「外部からの情報が、論理的推論をもとに適切な反応を引き出すという前提に立った、まるで"教師"のようなモデル」[Edelman, 2004=2006：52] なのだ。

「これとは対照的に、集団的思考に基づいたモデル (TNGS) は、多様な要素（状態）からなる豊富なレパートリーの中から、特定の要素（状態）が選択されるという考えのもとに構成されている」[Edelman, 2004=2006：50] のである。神経系において淘汰（選択）されるのは、事後的なマッチングによってである。進化・免疫系・神経系において、外部者（外部情報）との遭遇によって初めて多種多様な内部者とのあいだでマッチングがなされ、淘汰が起こるのである。そのように考えると、自然知能（神経細胞）もまた、TNGS の原理にしたがっていることがわかる。

ところで、TNGS については、三つの原理に基づいて神経細胞の機能が発生論的、発達論的に記述される。この三つの原理について、エーデルマンの図（図1）[9ページ参照] を交えながら敷衍すると、次の通りである [Edelman, 2004=2006：57-58]。

1　発生選択—胎児の脳が一応の解剖学的構造を整えるまでの期間、発育していくニューロンは後成的な影響を受けながらさまざまな結合パターンを形成する。この結合パターンの多様性によって、各脳領域には、何百万という回路（あるいはニューロン集団）からなるレパートリーが構成される。「一緒に（同期して）発火したニューロンどうしは

互いに配線され，各ネットワークを形成する」ことの結果として，胚や胎児の段階ではこの多様性はシナプスレベルで起きる。

　2　経験選択—発生選択にもオーバーラップするが，主要な解剖学的構造ができあがった後，個体が行動していくうちに環境からさまざまな入力がある。これによってシナプス結合が強められたり弱められたりして，多彩な結合強度が生まれる。ただし，このようなシナプス結合の変化は，……「価値系」からの選択圧を受ける。

　3　再入力—発生・発達の過程でたくさんの双方向性の連絡ができあがっていく。それは局所的（近隣のニューロン群同士）にも広域的（距離的に離れたニューロン群同士）にもいえる。こうして，別々の機能をもつ脳領域間の信号伝達は，この双方向性の連絡体制を基盤にして行われるようになる。

　これら三つの原理は，発生選択→経験選択→再入力という理路で順次，展開するが，それは，動物および人間における神経細胞の発生・発達過程と符合している。

　まず，発生選択の結果，個体におけるさまざまな神経回路の生成が起こる。

　次に，経験選択の結果，シナプス強度の変化，すなわち神経細胞の増幅・減衰が起こる。

　最後に，再入力の結果，数多くの脳地図の時間的・空間的な結合が起こる。

I．自然知能と再入力

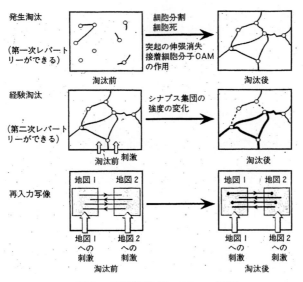

図1　神経淘汰説の三つの原理

　以上の記述は，エーデルマン［Edelman, 2004=2006］に基づいているが，彼の前著［Edelman, 1992=1995］には，前出の記述よりも生理学的な記述がなされている。それは，次の通りである（なお，図1は共通である）。

　まず，発生淘汰とは，「細胞接着分子 CAM の調節の分子的効果，成長因子信号，淘汰的細胞死の結果，個体にいろいろな神経解剖的ネットワーク……ができる。」［Edelman, 1992=1995：100］ことである。こうして発生するネットワークのことを「神経細胞群の第一次レパートリー」［Edelman, 1992=1995：100］と呼ぶ。それは，さまざまな脳神経細胞群が細胞淘汰によって発生する脳神経ネットワークの謂いであ

9

る。

次に,経験選択とは,「行動の結果によるシナプス集団の淘汰的強化または減衰で,いろいろな回路……ができる」[Edelman, 1992=1995：100]ことである。こうしてネットワーク構造から経験淘汰によってさまざまな機能回路が効果的に作られる回路のことを「神経細胞群の第二次レパートリー」[Edelman, 1992=1995：100]と呼ぶ。

最後に,再入力とは,「別々にインプットをうける地図の神経細胞群が,並列的淘汰と相関によってリンクする。この過程が知覚カテゴリー化の基礎となる。活動的な相互連結の両端は再入力経路の並列的な多少とも同時的なシナプス強化を示す。」[Edelman, 1992=1995：100]この原理は,エーデルマンが述べるように,「進化的に発生した脳の各領域が互いに協調して新たな機能を生み出すもととなるもので,この理論の中でおそらく最も重要である。そのような機能を果たすには第一第二レパートリーにおいて,大量の並列的往復的結合で結ばれた地図が形成されねばならない。」[Edelman, 1992=1995：103],と。

総じて,「行動のもとには再入力による神経細胞群同士の相互結合の複雑なパターンの選択的な協調があるというのが,神経淘汰説の基本的な考えである。実際,再入力は,……心理学と生理学をつなぐ第一前提である。」[Edelman, 1992=1995：103]

② 再入力と縮退

エーデルマン自身も述べるように,TNGSの中で最も重視する原理

は，三つ目の再入力である。次に，再入力を詳述することで，それがなぜ最重要であるのか，その理由について述べることにする。

「再入力とは，いくつもの脳領域を結びつける並行的，同時進行的な信号伝達であり，行ったり来たりくり返し行われる信号のやりとりである。そしてこのやりとりによって，別々の脳領域の活動が時間的および空間的に協調するというわけだ。」［Edelman, 2004=2006：58］

ところが，再入力は，「出力された信号が出力元に戻ってきて，その間にエラー調節をするという単純なループ内の順次的な伝達である」……「フィードバック」［Edelman, 2004=2006：58］ではない。「並列的，双方向的なたくさんの経路が関わった再帰的な伝達方式であり，あらかじめ決められた修正機能はついていない。こういった動的なプロセスが遂行される結果，脳のいろいろな場所で起きているニューロン活動が広範囲にわたって『同期』する。これによって機能的に異なったニューロン活動が一つにまとまり，全体として意味をなす出力が可能になる。」［Edelman, 2004=2006：58］

さらに，エーデルマンは，脳の再入力機能とコンピュータを比較しながら，次のように述べる。

「ここには，コンピュータのようなシステムがたよりとするロジックは存在しない。たくさんの回路を時間的，空間的に協調させる機構，それを支える中心原理は再入力なのである。」［Edelman, 2004=2006：58］，と。

エーデルマンは，再入力による，神経細胞群同士の並列的複合的結

合の具体例として，サルの視覚領域を挙げて説明している［Edelman, 1992=1995：102-103］。要約すると，サルの視覚領域には，三十以上の，さまざまな地図，すなわち方向，色，運動，……その他の地図があり，各々の地図は，各々，別々にその情報処理している。ただ，そうした各々の情報処理を統括する中枢地図（一段上の地図）は存在しない。にもかかわらず，それらは，再入力，すなわち並列的複合的結合・相互的連結の結果，たとえば形，色，方向，運動（動き）であれば，形と色，形と運動，運動と方向，等々が協調的に働くのである。そのことは，サルだけでなく，私たち人間をはじめとする高等動物の視覚領域にも当てはまる。

さらに，TNGS において最も重要な位置を占める，再入力については，エーデルマンの図を援用しつつ説明を加えても決して無駄ではなかろう。

図2［Edelman, 2004=2006：106］に表されるように［13 ページ参照］，二つの神経細胞群の地図があったとする。当初，二つの地図（地図 1／地図2）の機能は，別々に入力（入力1／入力2）を受ける。たとえば地図1は，対象の形，地図2は対象の運動に各々，反応する。ところが，二つの地図は，再入力を行う。そうした再入力の結果，地図 1 のグループ（○）と地図2のグループ（■）は，再入力的に結合することで──〈形 - 運動〉──，太線の矢印のように，その結合がより一層強まる。こうした結果，地図 1 の反応パターンと地図 2 の反応パターンは，連合するのである。

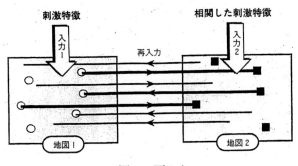

図2　再入力

　以上のように，再入力は，二つの神経細胞群（脳地図もしくは脳領域）が双方向的に同期する，「入力」に関する機構であった。これに対して，エーデルマンは「出力」についても言及している。

　「脳に，『縮退』というしくみが備わっている……。これによって脳は，きわめて柔軟性に富んだ融通の利く反応を見せる。縮退とは，ある系において，構造の異なる複数の要素が，同じ働きをする，あるいは同じ出力を生み出す能力である。」［Edelman, 2004=2006：61］，と。その代表例は，遺伝子コードである。アミノ酸の種類が二〇種類しかないのに対して，タンパク質合成にかかわるコドンは，終止コドンを除き，六一種類も存在する。ということは，複数のコドンが同一のアミノ酸をコードとしていることになる。裏を返せば，同一のアミノ酸を合成する際，種類の異なるコドンが用いられているのだ。そのことは，「遺伝子コードは縮退している」［Edelman, 2004=2006：62］と表

13

現される。

　そして，エーデルマンは，遺伝子コードと同じく，同一の機能を担う神経細胞群が複数あると考え，神経細胞群は縮退しているとしている。前述したように，視覚領域の場合，別々の領域において情報処理される，形，色，方向，運動（動き）等々は，領域間で再入力されることよって結合された。前出の通り，再入力によって「機能的に異なったニューロン活動が一つにまとまり，全体として意味をなす出力が可能になる」わけだ。しかも，「各々の情報処理を統括する中枢地図（一段上の地図）は存在しない」にもかかわらず，にである。

　いま述べたことが正しいとすれば，二人の人間が日常，体験する同一のできごとが（たとえば，夫婦で同じ雲を見ている場合），同一であるように見えるのは，各々が見ている雲の諸要素（空の色，形，イメージ等々）およびその別々の神経細胞群の再入力が二者間では著しく異なるにもかかわらず，結果として出力されるものがほぼ同じものだからである（勿論，モノの見え方については視細胞の構成上，男女間で差異があることはいうまでもないが，ここでは問題視しない）。その意味で，神経細胞群もまた，遺伝子コードと同じく，縮退しているのである。

　こうして，TNGSは，入力と出力の問題を，再入力と縮退によって整合的に結びつける理論なのである。

(3) 再入力と「メタファー＝アナロジー」

　以上，エーデルマンのいう再入力について論述してきた。次に，再

　　　　　　　　　　　　　　　　　　　Ⅰ．自然知能と再入力

入力が私たち人間にもたらす影響についてみていきたい。その点について，彼は，次のように述べている（なお，エーデルマンからの引用箇所は，大嶋仁の著書を参考にした［大嶋仁，2023：132］）。

　「本質的に異なるもの同士を結びつけるメタファーの能力は，再入力変性システムという結合法則に由来する。メタファーは，著しく喚起力を持つが，検証することも反証することもできない類いのものである。にもかかわらず，メタファーは，論理とは異なる方法によって洗練される思考の強力な出発点であることに変わりはない。こうしたメタファーの特性は，脳がパターンを形成しつつ選択する働きを持つことと一致している。」［Edeman, 2006：58-59］，と。

　これについて大嶋は，「脳が情報間の一定の類似性を探知し，それをパターンとして認知し記憶すること」［大嶋仁，2023：132］から，類似性を基礎とするパターン化（＝「パターン認識」）にはメタファーが働いているとしている。「『メタファー』とは類似性による複数の事象の関連づけを意味するのであって，決して詩歌のレトリックを言っているのではない。」［大嶋仁，2023：132-133］，と。

　総じて，再入力，正確には「再入力変性システム」の重要な機能は，メタファー（大嶋的には，メタファー思考）を生成することにある。また，大嶋は，「『メタファー思考』は，『アナロジー思考』すなわち『相似思考』と言い換えてもよい」［大嶋仁，2017：131］と述べている。

　ここで，メタファー思考（メタファー）もしくはアナロジー思考（アナロジー）というのは，私たち人間の原初的思考，すなわち言語習得以

15

前もしくは非言語の思考のことである。つまり、メタファーとアナロジーは、非言語領域において同一である。つまり、両者ともに類似性を基礎原理としているのだ。この点は、きわめて重要である。筆者は、非言語領域における「メタファー＝アナロジー」と、言語領域におけるメタファーおよびアナロジーとの差別化を図るために、前者を特に「類推思考」と呼ぶことにしたい。

裏を返せば、メタファーとアナロジーは、言語領域においては同じものではない。後述するように、メタファーとアナロジーの違いは、メタファーが二者間の直接的類似性を主題化するのに対して、アナロジーが二者間の構造的類似性を主題化する、という点にある（ただし、アナロジーもまた、メタファーと同様に、初発に対象や概念の直接的類似性に着目する）。

予め、私たち人間の非言語領域（＝認知的基底）で働く「アナロジー＝メタファー」ならびに言語領域で働くそれ以外の推論、すなわち演繹・帰納・アブダクション・アナロジー（狭義）を、図3のように表しておきたい［17ページ参照］。

以上のように、非言語領域において「メタファー＝アナロジー」であるのに対して、言語領域において「メタファー≠アナロジー」である。前者は、私たち人間の脳の原初的思考（非言語的思考）なのである。ただ、筆者は、言語領域におけるメタファーが修辞学的ニュアンスが強いことから、この言葉を避け、アナロジーを用いることにしたい。

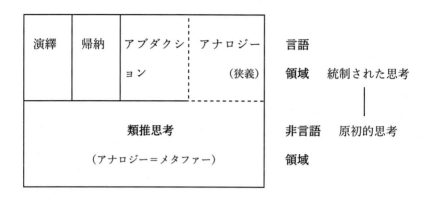

図3　非言語領域と言語領域の推論

　さらに，大嶋は，エーデルマンが「再入力」に「変性」を加えて，「再入力変性システム」と名づけたことについて次のように述べている。

　「脳は入力した情報を脳があちこちの部分で共有するために何度も同じ情報を発信し，『再入力』(reentry) を繰り返す。その再入力のたびに脳の各部のはたらきが変化し，そのおかげで情報が徐々に統一され，一貫性ある世界像がしまいに出来上がるという。再入力のたびに脳の各部のはたらきが変化するといったが，エーデルマンによれば，脳の各部が本来の機能を失って変質することによって，初めはバラバラであった情報が徐々に統合され，ひとつの世界像が現れ出てくるという。脳科学ではこの脳の各部の変質を『変性』(degeneracy) と呼ぶ。」〔大嶋仁，2023：133〕，と。

　総じて，「私たちの脳はそれぞれの部局が勝手に働いているのに，『再

入力システム』によってそれぞれの部局が『変性』し，外部からの情報を調和と秩序をもった世界像に結実させるという。」［大嶋仁，2023：134］

以上，再入力の概念を進展させる方向で，再入力変性システムおよび原初的思考としての「メタファー＝アナロジー（類推思考）」についてエーデルマンとその研究者である大嶋の考えを敷衍してきた。さらに，再入力については，独自の考え方を述べた兼本浩祐を参照したい。

兼本は，再入力について次の図4を示しながら，次のように説明している。

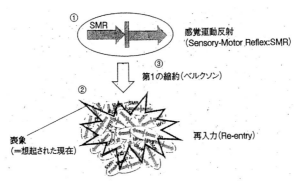

図4　再入力の渦

「再入力とは，この感覚運動反射［Sensory-Motor Reflex：SMR―筆者］が数多く集積して相互に入力しあいむちゃくちゃに複雑になり，その複雑さが一定の閾値を超えると，新たな質を獲得するという考えである。この新たな質が『表象』である。」［兼本浩祐，2018：26］，と。

ここで兼本は,「感覚運動反射」を「感覚が入力され,運動が出力される」［兼本浩祐,2018：26］機構としている。兼本は,感覚運動反射が発生選択および経験選択の結果,形成された神経回路の単位であり,それが数多く相互に連結しあう過程のある段階で表象が立ち上がると述べている。この点は,重要である。総じて,再入力は,感覚運動反射の相互的な入力のし合いなのだ。

さて,エーデルマンは,まず,意識（意識シーンの構成）について,知覚（＝知覚カテゴリー化）と記憶（＝価値カテゴリー記憶）のあいだでの再入力および相互的なやりとりによって,原意識［意識の基本形かつ想起される現在］が生まれ,そしてそれをベースに高次意識［意識する自己を意識する能力＝主観的体験かつ過去・未来の概念を有する意識］が生まれるとしている。さらに原意識と高次意識については,拡張 TNGS に加え,視床－皮質系における再入力に基づく「ダイナミック・コア仮説」を提唱している［Edelman, 2004=2006］。

こうして,エーデルマンの発生・発達は,おおよそ,神経細胞の基礎ができあがった後,＜感覚・運動→原意識（他の生物と共通する,現在のみの意識）→高次意識（意識する自己を意識する能力,現在を超えた時制意識）＞へと進展するが,本書は,自然知能,特に「メタファー＝アナロジー」という原初的思考に着目することから,それについての言及は別の機会に譲りたい。

II．自然知能としてのアナロジー

　I章では，非言語領域の「メタファー＝アナロジー」について述べてきたが，次に，言語領域におけるアナロジー，特に就学前児童のアナロジーを詳しくみていくことにしたい。この場合のアナロジーとは，既知を基礎に未知を推し量るという点で推論に相当する。

1．未知と既知を繋ぐ推論

　一般に，私たち人間は，未だ経験していないことや知らないこと（＝未知の経験・知識）を捉え，理解するにあたって，過去に経験したことや身につけた知識（＝既知の経験・知識）を手がかりにする。裏を返せば，私たちは，常に，既知の経験・知識を頼りに，未知の経験・知識を捉え，理解しようとするのだ。そして，未知の経験・知識と既知の経験・知識，端的には，未知と既知を繋ぐのは，推論であり，推論に基づく思考（法）である。
　いま，未知の経験・知識（未知）と既知の経験・知識（既知）を繋ぐものとして推論を挙げたが，それはあくまでも，大人を基準としたものである。こうした基準からすると，乳幼児，特に就学前児童（幼児）

の推論は，どのように捉えることができるのであろうか。

　いうまでもなく，幼児は大人と比べて圧倒的に経験が少なく，知識をほとんど身につけていない。つまり，幼児には既知の経験・知識（既知）が著しく欠如していることから，推論によって，未知の経験・知識に相当する，自ら抱いた疑問（問い）を追求したり解決したりすることができないように思われる。むしろ，こうした問題解決は，幼児が小学校に就学し，学校教育を通してさまざまなことを経験したり，さまざまな知識を習得したりした上で取り組むべきものでないのか，と。裏を返せば，こうした通念は，学校教育を通して習得するであろう経験・知識をある程度保有した上でなければ，未知の経験・知識（問題解決）に取り組むことができないことを示唆している。

　しかしながら実際には，幼児は，学校教育以前にすでに幼児なりの，数少ない既知を未知に繋ぐ術を持ち合わせていると考えられる。もっといえば，就学前の幼児は，既知と未知を繋ぐ推論を持っている。しかも，そうした推論は，大人から教えられたものではなく，幼児が数少ないさまざまな経験を行ううちに自然に身についたものである。そして，こうして幼児のうちに自然に身についた推論のことをあらためて「自然知能」と呼ぶことにしたい。ここで「自然知能」とは，前述の「人工知能」のように，プログラマーが外部からプログラムやアルゴリズムをインプットする，いわゆる「教師あり」とは対照的な知能を指す。

　ところで，これまで述べてきた，就学前児童に自然に身についた，

Ⅱ. 自然知能としてのアナロジー

未知と既知を繋ぐ推論について的確に記述されたものがある。本書にとってきわめて重要な記述であることから次に引用することにしたい。

「幼少期にはまだ日常生活で頻繁に生じるパターンを学習していないので，新奇な事態に直面するのは珍しいことではなく，日常茶飯事である。世界に関する知識は，まだ構築前なのである。子どもは既知の状況をまだわずかしか蓄積していないので，目新しさを感じることの方が普通である。したがって，ほんのわずかな知識に基づいて非常に多くのことを理解しなければならない。しかし，理解を導く思考過程はすでに盛んに働いている。あるいは，そのような過程が盛んに遊んでいる，と言い換えた方が適切なのかもしれない。」［Holyoak, Thagard, 1995=1998］，と。

K.J.ホリオークらが述べるように，幼児はパターン学習を身につけていないことから，外からの刺激（情報）が，馴染みのない雑然としたものとなる。それゆえ，幼児は常に，新奇な場面に遭遇することになる。幼児にとって世界についてのまとまりのある経験・知識は，自らのうちに未だ構築されておらず，手持ちのわずかな経験・知識によって世界のさまざまな事柄を理解しなければならない。ところが，こうした無理難題を乗り越える推論は，すでに幼児のうちにビルトインされている。そうした世界を理解する上での推論は，幼児が好奇心を働かせて遊ぶ最中にすでに働いているわけである。

ここで，ホリオークらが就学前児童に備わった推論として注目するのは，アナロジー（類推思考）もしくはアナロジー的推論である。繰り

返しになるが，学校教育を受ける以前の就学前児童は，自らの内部に未知と既知を繋ぐ推論を自然に身につけていて，そうした推論によって自らの疑問（問い）を追求しているわけである。その典型が，アナロジーなのである。

ところで，推論についての視野を広げると，主な推論として，アナロジーをはじめ，演繹，帰納，アブダクションがある。

これら四者のうち，演繹，帰納，アブダクションは，法則（自然法則）・規則（社会規則）——総じて，「ルール」——について意図的に習得される類いの推論である。そのため，それらは，就学後に学習される（ただし，それらが特定の教科で教えられるという意味ではない）。

このように，演繹，帰納，アブダクションは，学校教育（厳密には，学校教育と同水準にある教育組織）を通して，生徒が意図的に習得する類いの推論である。これに対して，アナロジー（だけ）は，私たち人間が認知発達の初期段階において自然に身につけている推論，すなわち自然知能であると考えられる。もっというと，アナロジーは，言語能力が未だ十全に身についていない乳幼児（インファント）においてさえ利用することが可能な，推論なのだ。繰り返し強調すると，アナロジーもまた，演繹，帰納，アブダクションと同様，既知と未知を繋ぐ有用な推論の一つなのである。

では次に，就学前児童が利用するアナロジーを，前出したホリオークの論述を念頭に置きつつ，彼らの事例を通してみていくことにする。

2．就学前児童のアナロジー

　ホリオークらは，4歳の就学前児童（男児）が，母親とやりとりする中で自ら立てた問いを自らの思考によって解決するという事例を示している。予め述べると，本事例は，幼児の単なる一つのエピソードではなく，就学前児童が駆使する，推論としてのアナロジーの特性を示している。しかも，この，就学前児童のアナロジーにはすでに，アナロジー特有の規約がみられる（そのことは，ホリオークらが本事例［幼児のアナロジー］をベースに自らのアナロジー論を展開していることからもわかる）。

　ところで，本事例を要約すると，次の通りである［Holyoak, Thagard, 1995=1998：3］。

　就学前児童のニールは，「鳥は何を椅子にしているのか」という問いを立て，その問いについて考えていた。すると，ニールは，「木が鳥にとっての椅子になりうるのではないか」という考えに到った。つまり，ニールは，鳥が木の枝に座ると考えたのだ。

　これに対して，「母親はニールの考えに同意しつつも，鳥は彼らの家である巣の上に座ることがあるのではないかしら」と述べた。

　その後しばらくして，ニールは，「木は椅子なんかじゃない。鳥の庭なんだ！」という別の考えを提案したのである。

以上のように，ニールは，木は鳥にとっての何かという問いについて，母親からの示唆を得ることで，「木は椅子だ」という第一の提案から「木は庭だ」という第二の提案へと変更した。

　ところが，ニールによる提案の変更についてよくよく考えると，ホリオークらが指摘するように，「最初の答えは，明瞭な物理的類似性とはほとんど関係のないものであった。どう見ても，木は椅子のようには見えない。しかし，木は椅子と類似の機能をもっている。人が椅子に座って休むように，鳥も木に留まって休むことがある。子どもが『鳥は何に座るのか』という問いを発するのは，鳥の世界において人間の椅子の機能と同じ役割を果たすものを探す，という目標を追求するためである。」[Holyoak, Thagard, 1995=1998：5-6]

　ここで重要なことは，二つある。

　一つは，（ニール自身によって変更された）「木は椅子だ」という第一の提案が，木と椅子が明確な物理的な類似性，とりわけ見かけ上の類似性に基づいて出されたものではなく，木と椅子の機能的なそれ，とりわけ実質上の役割的なそれに基づいて出された，ということである。つまり，ニールにとって木と椅子の類似性は，その具体性にあるのではなく，その抽象性にこそある。端的にいうと，就学前児童の推論の中にすでに，具体から抽象への論理的な飛躍がみられる。そういう意味では，ニールが撤回した第一の提案でさえ，高度な推論から創作されたものだということになる。

　もう一つは，幼児が「鳥は何に座るのか」という問いを立てつつ，

II. 自然知能としてのアナロジー

鳥の世界と人間の世界の両者において同じ機能と役割を果たすものを探すことを自らの目標としている，ということである。しかも，幼児が自らの目標を追求する中で，目標そのものが進展している。つまり，目標に駆動されることで，第一の提案は，第二提案へ変更されることになる。

こうして，この就学前児童は，どちらの提案が妥当であるかを検討する以前に，自らの目標に沿ってアナロジーを駆使している。ホリオークらを敷衍すると，幼児は，「比較的なじみの薄い，空をすみかとする生き物の世界を，なじみ深い人間の日常的な家庭に置き換えて理解しようとしている。」［Holyoak, Thagard, 1995=1998：4］裏を返せば，幼児は，なじみ深い日常世界を「ベース（source analog）」にして，なじみの薄い鳥の世界を「ターゲット（target analog）」にしている。ホリオークらは，「ベース」から「ターゲット」へと向かう推論のことを，「アナロジー的思考による推論」［Holyoak, Thagard, 1995=1998：4］と名づけている（アナロジーは，思考もしくは思考法であり，それによって二つの提案が推論されている）。

以上，就学前児童のアナロジー（アナロジー的思考による推論）は，「目標」，「ベース」，「ターゲット」によって明確に捉えることができる。ここで，ホリオークらに倣って，これら三者の概念を図5［Holyoak, Thagard, 1995=1998：8］［**28** ページ参照］のように表したい（なお，図5は筆者がホリオークらの図を元に作成したものである）。

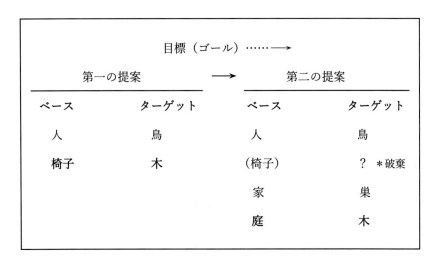

図5　アナロジー創作における幼児の目標とその追求

　繰り返し強調するが，鳥にとって人間の椅子（人間にとっての椅子）に対応するのが木であるという推論も，鳥にとって人間の椅子に対応するのが庭であるという推論も，ニール以外の第三者からすると，十全の，アナロジーによる推論である。とはいえ，ホリオークらも指摘するように，第二の提案は，第一の提案よりも，ベースとターゲットの対応づけが一つ多い。そのことが意味するのは，第二の提案は，図5に示されるように，家（ベース）と巣（ターゲット）がアナロジーによって対応づけられている。それゆえ，それは，人間の世界と鳥の世界における要素同士の関連づけが豊富になっている。そのことは，恐らく，不十分ながらも，幼児が人間の世界と鳥の世界における構造上の類似性（構造的類似性）に着目していることを意味する。裏を返せば，

II. 自然知能としてのアナロジー

　アナロジーは，人間の世界と鳥の世界の対応づけのように，二つの異なる世界を，その世界を構成する諸要素同士の対応づけおよびその豊富化によってより一層進展させると考えられる（だからこそ，ニール自身も第二の提案を評価したのであろう）。

　さらに，ホリオークらは，幼児のアナロジー的推論を通してきわめて重要な知見を要約している [Holyoak, Thagard, 1995=1998：6-7]。前述したこととの重複を恐れず，次に，それをまとめたい。

　一つ目は，就学前児童でもすでにアナロジー的推論という能力を自然に身につけていることである。

　二つ目は，幼児は，鳥の世界（ターゲット）を人間の世界（ターゲット）に置き換えて（両者を結びつけて）理解することを誰からも教えられなかったことである。

　三つ目は，アナロジー的推論は目標によって導かれ，目標はアナロジーを引き起こすことである。しかも，アナロジーは，新しい目標を創り出してその使用仕方を変更してしまうこともある。

　四つ目は，幼児は，自ら創り出したアナロジーを，大人（他者）から付与される報酬等によって評価されるのではなく，自らの内的な基準で評価していることである（本事例の母親は，家としての巣の役割を示唆しただけである）。

　五つ目は，幼児自身によってなされる評価は，複数の解釈（二つの提案）のあいだに生じる競合を基礎にしてなされることである。ニールにとって木は，鳥の椅子もしくは鳥の庭と両義的に解釈できるが，（ニ

ールの中では）その解釈は両立できない。

3．アナロジーと多層制約理論

ところで，ホリオークらは，アナロジーの論理（「アナロジック」[Holyoak, Thagard, 1995=1998：4]）に即した使用方法もしくは使用規則に関して，「ニールはアナロジーを行うためのルールを教えられてはいなかった。それどころか，大人や子どもがアナロジーを行うための厳密なルールを使用していると仮定する理由はどこにもない。」[Holyoak, Thagard, 1995=1998：9] と述べている。ところが，その一方で，彼らは「ニールが利用したアナロジーには，アナロジー的思考に対して作用する三つの基本的な制約を見て取ることができる」[Holyoak, Thagard, 1995=1998：10] として，アナロジー利用上の制約を挙げている。急いで付け加えると，アナロジーを行う上でのこれらの制約は，子ども（ニール）のみならず，大人にも適用されるものである。誰しも，アナロジー的推論を何の制約もなしに，いわば好き勝手に用いているわけでは決してないのである。

ホリオークらが挙げる，アナロジー的推論に作用する三種類の制約とは，平易にいえば，これらの制約が個々のアナロジーでどのように使用されているか（その使用方法・規約）とは，「類似性の制約」，「構造の制約」，「目的の制約」である。彼らは，それを「多重制約理論」[Holyoak, Thagard, 1995=1998：22] と名づけているが，順次，彼らの理論に沿

って敷衍したい。

　まず,「類似性の制約」とは,「アナロジーは,ある程度までは,含まれている要素の直接的な類似性に導かれて生じる」[Holyoak, Thagard, 1995=1998：10] というものである。つまり,アナロジーにおけるベース領域とターゲット領域の対応づけがなされるのは,対象や概念の直接的な類似性である。こうした直接的な類似性は,アナロジーの初発に使用される。ニールの事例でいうと,鳥と人間では,同じ動物であることにおいてさまざまな特徴(顔,頭,目,足等々)を共有しており,「要素の直接的な類似性」[Holyoak, Thagard, 1995=1998：10] がみられる。「このような共有特徴が存在することによって,鳥と人間のあいだでアナロジーを行うことの妥当性が,まず最初に保証される」[Holyoak, Thagard, 1995=1998：10] ことになる。

　次に,「構造の制約」とは,「アナロジーはベース領域とターゲット領域の役割のあいだに,一貫した構造上の相似関係を見出すように働きかける圧力によって導かれる」[Holyoak, Thagard, 1995=1998：10] というものである。つまり,アナロジーの創作においては,ベース領域の各要素がターゲット領域の一要素に構造上の一対一および一貫した対応づけがなさなければならない(同型性の達成)。同じく,ニールの事例でいうと,鳥の世界と人間の世界は,鳥にとっての木が,人間にとっての庭の役割を担うとともに,木の上にある,鳥にとっての巣が,必然的に人間にとっての家の役割を担うことになる(〈木：庭〉⊂〈巣：家〉)。同様のことは,鳥にとっての木が,人間にとっての椅子(=

木は椅子の役割を担う）という第一の提案を破棄して，鳥にとっての木が，巣と家の対応づけを経由して，人間にとっての家（＝木は庭の役割を担う）という第二の提案へと移行したとき，第一の提案がニールによって破棄されたことに如実に表れている。このように，ターゲット領域の各要素は，ベース領域の一つの要素とのみ，対応づけされなければならないのだ。

　最後に，「目的の制約」とは，「アナロジーの探索はアナロジー利用のゴールによって導かれる」[Holyoak, Thagard, 1995＝1998：10]というものである。「ゴールはアナロジーを考える際の目的を与える。」[Holyoak, Thagard, 1995＝1998：10] ここでいう目的とゴールを区別すると，目的とは，アナロジーを用いるエージェント（アナロジー創作者，以下「創作者」と略記）が追求したいと考える課題（問い）である。それらに対して，ゴールとは，創作者にとって納得のいくアナロジーの到達点である。同じく，ニールの事例でいうと，彼は当初，「鳥は何に座るか」を理解するという目的を追求していたが，そうした追求の過程で彼は，鳥の世界（居住環境）を馴染み深い人間の世界（居住環境）になぞらえて——もしくは見立てて——，理解したいというように，新たに上位の目的を抱いたのである。だからこそ，当初の目的は上位の目的に取って代わることにともない，アナロジー的推論によって創られた第一の提案は，第二の提案にアップデートされたわけである。

　ホリオークらは，「この三つの制約がうまく協働して，ベースがターゲットにどう適用可能なのかについて，ただ一つの解釈が示されるこ

Ⅱ．自然知能としてのアナロジー

とが望ましい」［Holyoak, Thagard, 1995=1998：63］と述べているが，そうした成功例の一つがニールの事例なのである。むしろ，これら三つの制約が協働するどころか，「それほど完全ではないアナロジーでは制約が互いに争うこともあり得る」［Holyoak, Thagard, 1995=1998：63］という。裏を返せば，十全ではないアナロジーについては，多重制約理論の観点からその問題点を分析する必要がある（ただし，この課題は，本書の目的外となる）。むしろ，本書は，アナロジー，特に，ニールのような就学前児童が創作するアナロジー的推論の意義を見出すことを目的としている。

さらに，ホリオークらは，アナロジー利用について次のように要約している。それは，ニールが自己の目的に沿ってアナロジーを創作するプロセスにおける段階である。

「アナロジー利用は，通常いくつかの段階を含んでいる。多くの場合，問題解決者はベースについての情報を記憶から想起することによってベースを選択し（選択），ベースをターゲットに対応づけしてターゲットについての推論を行い（対応づけ），ターゲットに固有の側面を考慮するために，これらの推論の評価と修正を行い（評価），最終的にはアナロジーの成功や失敗に基づいて何らかのより一般的事柄を学習する（学習）。私たちの理論［類似性の制約，構造の制約，目的の制約から成る多重制約理論－筆者］はこれら四つの段階すべてに適用されるようにできている。」［Holyoak, Thagard, 1995=1998：27-28］，と。

4．比例関係としてのアナロジー

　1では，ホリオークらが挙げる，就学前児童が用いるアナロジーを中心に，アナロジーおよびその制約について論述してきた。それは，創作者（幼児）が誰からも教えられることなく，自らの目標に沿って自然にアナロジーを創作するという日常場面についての記述であった。

　続く，本節では，ホリオークらのアナロジー論（多層制約理論）を重視しつつも，アナロジーの別の側面をみていきたい。

　まず，指摘すべきなのは，アナロジーが元々，数学的比例に用いられる，ギリシャ語の「アナロギア」に由来することである。簡潔に述べると，アリストテレスは，『詩学』の中でアナロジー（アナロギア）が成立するのは，BのAに対する関係がDのCに対する関係であるときという趣旨のことを述べている［アリストテレス，1997］。つまり，そうした関係を数学的比例式に置換すると，A：B ＝ C：Dとなる。こうした比例関係は，ニールの事例でいうと，「人間にとっての庭に対する関係」は，「鳥にとっての木に対する関係」，もしくは，「庭の人間に対する関係」は，「木の鳥に対する関係」，というように，四項関係で表すことができる。比例式で表すと，それは，「人間：庭＝鳥：木」となる。

　このように，アナロジーとは，類比であり，比例関係を意味する。この比例関係と，前述したベース領域とターゲット領域という二領域を関係づけると，それは，次の図6［35ページ参照］になる。

Ⅱ. 自然知能としてのアナロジー

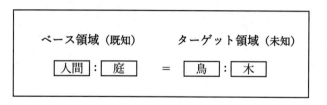

図6　比例関係としてのアナロジー

さらに，比例関係を表す図6は，次の図7のように，アナロジーを表す図へと変換することができる。

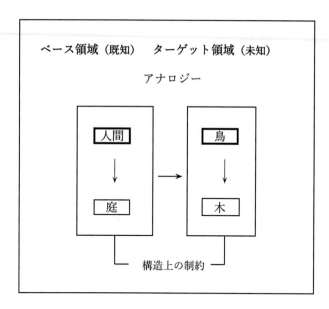

図7　アナロジーの構造

以上のように，比例関係を表す図6と，構造の制約（構造的類似性）

35

に基づいて創作されるアナロジーを表す図7は，同じ内容を示している。

なお，細谷功が図示するように［細谷功，2011：21］，図7を立体的に，図8のように表すことも可能である。つまりそれは，上方にベース領域を置き，下方にターゲット領域を置き，上から下へと対応づける（マッピングする）のである。

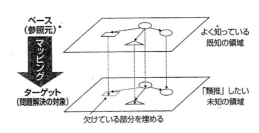

図8　アナロジーのメカニズム

いずれの図で表すにしても，前出のホリオークらのアナロジー利用手順（使用仕方）に沿って，ベース領域の選択→ターゲット領域への対応づけ（一貫性のある構造的な対応づけ），アナロジー（推論）の評価と修正，アナロジーの成功と失敗に基づく学習，を行えばよいのである。

多層制約理論によれば，三つの制約に沿ってアナロジーを創作する限り，ベース領域とターゲット領域の各々にどのような対象や概念が挿入されても，何ら問題はない。

強いていうと，ベース領域とターゲット領域との対応づけが緻密になればなるほど――図7でいえば人間の世界（居住環境）と鳥の世界（居

住環境）との対応づけ——，十全のアナロジーを創作することができると考えられる。

5．物理領域と心理領域のあいだのアナロジー

　私たちは，身近に起こる物理的なできごとを，心理的なできごとと同じように再現している。たとえば，私たちは転んで「骨を折る」という物理的なできごとを「苦労する」という心理的なできごととして比喩的に用いている。さらに，「転落する」であれば「急激に落ちぶれる」，「投げる」であれば，「見込みがなくて諦める」，……といった具合に，である。

　このように，〈形のない〉心理的，精神的なもの，総じて心の中（内面）を表現するためには，〈形のある〉物理的なものや目に見える行動をメタファーとして転用せざるを得ないのだ。

　ところで，物理領域と心理領域は，前述した，ベース領域とターゲット領域に各々，対応している。というのも，メタファーとして転用されるのは，アナロジーにおける，ベース領域からターゲット領域への方向と同様，物理領域から心理領域への方向となるからだ。つまり，ベース領域が物理領域に，心理領域がターゲット領域に，各々，対応している。私たち人間は，物理領域と心理領域に起こる事態を，脳の同一の神経基盤で処理しているのである。

　それ以外にみられる言語変換として，物理領域と物理領域のあいだ

でなされるものがある。その典型は，「擬人化」である。一般に，「電車が走る」，「飛行機が飛ぶ」などの表現があるが，これらは，人間や動物を模したものである。正しく表現すると，電車や飛行機は人間や鳥のように，自らの意思で「走る」・「飛ぶ」わけではなく，外部の力によって「動く」のである。この点について大嶋仁は，M.ターナーを手がかりに［Turner, 1996］，次のように述べている。「私たちは『電車が走る』というふうに，無生物である機械を生命体としてとらえ，一種の擬人化を無意識に行っている……このような擬人化は。『メタファー』にほかならず，ターナー式にいえば，私たちは『文学』をしているのである。」［大嶋仁，2017：125］，と。

　さらに，物理領域から心理領域への言語変換，すなわち「骨を折る＝骨折する」から「骨を折る＝苦労する」への言語変換は，認知意味論においてもみられる。簡潔に述べると，立ち上がるときに感じられる感覚，木を知覚すること，旗竿のメンタルイメージを形成すること，階段を昇るという行動，子どもの背の高さを測ること，浴槽を上がっていく水面の高さの経験等々という諸現象は，それらすべてに共通する「上に上がる」を示す,「垂直性」という「イメージスキーマ」へと抽象化されると同時に，このイメージスキーマは，精神領域・文化領域へと隠喩的に投射されて（マッピングされて），たとえば「成績が上がった」,「給料が上がった」――その反対に「成績や給料が下がった」など――に変換される。イメージスキーマの一つ,「中心／周辺」スキーマは，文化領域へ隠喩的に投射されて，私たちが「脳死（大脳死説）」

を是認してしまう無意識的バイアスの形成に繋がる。つまり,「中心／周辺」スキーマにおいては,「中心＞周辺」であり,それを脳(精神領域)に隠喩的に投射すると,「中心＝大脳」／「周辺＝末梢神経」となることから,「大脳＞末梢神経」となる。ゆえに,主要な部位としての大脳の死は,人間の死であると判断・判定されるのだ。

　以上述べたように,私たち人間は,物理領域と心理領域を同一の神経基盤とすることから——人間の進化上,合理的なメカニズムであるが——,物理領域で生まれた言葉を,心理領域に変換して表現したり,擬人化のように,物理領域(人間)で生まれた言葉を,同じ物理領域(動物や機械)に転用して表現したり,認知意味論のように,物理領域から生まれたイメージスキーマを,精神領域・文化領域に隠喩的に投射したりするのである。

　まとめると,それらは,物理領域→心理領域(言語変換),物理領域→物理領域(擬人化),物理領域→精神・文化領域(隠喩的投射)となる。重要なのは,これら三者がベース領域とターゲット領域とパラレルにアナロジーの論理を形成していることである。

6．アナロジーとメタファー

　繰り返し述べると,非言語領域においてアナロジーとメタファーは,原初的思考であることにおいて同じものであった。それに対して,本節で述べるアナロジーとメタファーは,言語領域におけるそれであり,

各々の論理は異なっている。次に，言語領域におけるメタファーについて述べることにする。

メタファーの一例として，「父親は大地のようだ（大地のような父親）」，「会社は家族のようだ（家族のような会社）」，「時間は金のようだ（金のように価値のある時間）」等々が挙げられる。

一般に，メタファーは，思考（法）であっても，推論であると捉えられることは少ない。というのも，推論は既知を手がかりに未知を推し量る思考だからである。この点で，少なくとも，メタファーは推論ではない。

しかしながら，メタファーは，その利用仕方によっては，アナロジーよろしく，新たな発見につながるという意味で，推論的であると考えられる。こうした捉え方にしたがいながら，次に，アナロジーとメタファーの違いについて言及したい。そうすることで，アナロジーにはみられないメタファーの特性を捉えることにする。

ところで，前述したように，アナロジーは「類比」，すなわち「アナロギア」という数学的比例であり，対象や概念の比例式は，「A：B＝C：D」という四項関係で表すことができた。メタファーもまた，「比喩」，すなわち「比」の論理であることから，「アナロギア＝比例」の論理に準じて表すことができると考えられる。

メタファーは，前出の「父親は大地のようだ」というように，形式的には「AはBのようだ」と表される。つまり，メタファーは，「父親（仮にA）」と「大地（仮にB）」というように，まったく異なる，二つ

II. 自然知能としてのアナロジー

の対象や概念，AとBがあって，創作者がAからBを連想する。この場合，創作者によって連想されたBは，同時にAの比喩となる。

ところで，創作者にとってAとBは，日常を支配する形式論理（学）上，まったく異なる，二つの対象や概念にすぎない。創作者にとって対象としても概念としても「A ≠ B」なのである。

しかしながら，形式論理上，イコールで結びつくことのないAとB（「A ≠ B」）は，創作者にとって「A = B」というように，イコールで結びついている。こうした矛盾をどのように説明すればよいのか。それは，形式論理（日常論理）とは異なる，いわゆる非形式論理（非日常論理）によって説明することができる。それはたとえば，創作者における広義の心の論理である。

前出の「父親（A）は大地（B）のようである」もしくは「大地（B）のような父親（A）」を事例として述べると，次のようになる。

この場合，「Aをイメージする心の様相」と「Bをイメージする心の様相」は，「創作者＝パーソン」の「心の様相」（$P_{1……n}$）のどこかの地点（たとえば，P_1）において等しいとすると，それは，次のように四項関係で表すことができる［**42ページ参照**］。

ここで，メタファーから析出された，$A : P_1 = N : P_1$ が，広義の心の論理となる。BはAの比喩となり，AはBである。繰り返すと，この場合，「P_1」と表記したのは，パーソンが同一の心の様相において「イメージ A」と「イメージ B」を捉え，両者をメタファーとして表現したことを示している。

```
「イメージA」:「Pのイメージの様相」
=「イメージB」:「Pの同じイメージの様相」
--------------------------------------------
「イメージA」:「P₁」=「イメージB」:「P₁」
よって,A:P₁=N:P₁  ゆえに,A=B
```

したがって，創作者にとって，四項関係の P は，同一の P_1 であって，P_2 P_3 ではない。P_1 では成り立つメタファーが，P_2 や P_3 では成り立たないケースもあり得る。たとえば，ある創作者にとって「大地」と結びつくのは，「母親」，「恩師」であり，「大地のような母親（恩師）」という創作者が創作される可能性があるのだ。以上述べたことは，次の図9のように表される。

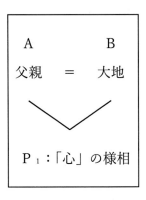

図9　比例の論理としてのメタファー

Ⅱ. 自然知能としてのアナロジー

　以上のことから,「父親＝大地」を同一性とする根拠とは, パーソン（創作者）が,「父親」と「大地」の二つをイメージする心の様相の同一性にあることがわかる。強いて述べると, 創作者は,「父親」という言葉を通して父親のイメージを抱くとともに, 父親をイメージする自己を,「大地」という言葉を通して大地をイメージする自己によって解釈し, それをメタファーとして表現するわけである。創作者は, 同一の心の様相（P_1）において二つの異なるイメージを重ね合わせ, そのことによって自己自身を理解するのだ。たとえば, 父親も大地も,「私たちを支えてくれる力強い存在」だという具合に, である。

　重要なことは, 創作者が自らメタファーを創り出すことによって初めて自己自身, すなわちそう思っていた自己自身を発見する（ことさえあり得る）ということである。創作者はメタファーとして表現するまでは, 自らの思いや自己自身に気づくことはない。外に表出して, すなわち「作品＝他者」を創り出すことによって初めて, そうした自己理解に到るわけである。個々の創作者によって抱くイメージおよび広義の心の様相（思い）は, まったく異なることから,「大地」が「父親」のメタファーになるとは限らない。もしかすると,「大地」と「母親」または「恩師」が結ぶつくかもしれないのだ。それどころか, 創作者が創ったメタファーは, 他者に理解されない可能性さえある。その意味においても——他者からの評価はさておき——, メタファーは, イメージの働きによって自己が自己自身を理解する, もしくは自己が自己を発見する契機となるのである。

補節　共感におけるアナロジーの論理
　　——C.R.ロジャーズの「共感」を超えて

　これまで述べてきたアナロジーは，就学前児童の事例のように，自然・社会を認知することを通して世界を理解するものであった。それに対して，これから述べるアナロジーは，対人関係の中で実践される類いのものである。それは，筆者が子ども時代に気づき，大人になってから明確に認識した対人関係の摂理である。具体的に述べると，筆者が子どもの頃，母親の健康状態は慢性的に悪く，（子どもの）筆者に自らの体調の悪さを愚痴っていた。たとえば，私は体の調子が良い日がほとんどない，いつもお腹の調子が良くない，気分がすぐれない，といった具合に，である。

　一方，子どもとしての筆者は，子どもなりに母親の健康状態を気にかけ，可哀想とか気の毒といった言葉で応答していたと記憶している（そうした応答は，ルーチンになっていた）。つまり，子どもとしての筆者は，母親に同情しながらも，適切な言葉が見つからず，やり過ごしていたわけである。筆者としては，母親に共感しているその思いを伝えたかったにもかかわらず，（子どもということもあって）その術が見つからなかったのである。

　ところで，そういう筆者が大人（大学生・研究者）になってある心理療法を学ぶ機会に恵まれた。その心理療法というのは，C.R.ロジャーズのクライエント中心療法である。同療法は，セラピストが，クライ

エントへの共感（共感的理解）と傾聴を通してクライエント自身を治療するというものである（詳細は省く）。同療法において特筆すべきなのは，共感についての考え方である。ここで，同療法は，前述した，筆者の母親への共感の問題とリンクしてくる。

次に，ロジャーズの共感をビジネス書に活用した，三上ナナミの著書［三上ナナミ，2024］を通してみてくことにする。以下の記述は，三上の著書からの引用に基づく［三上ナナミ，2024：93-98］。

同書の中では，次のような事例が挙げられている。それは，上司が自分の妻への不満を部下に愚痴るというものである。

あるとき，A課長は飲み会の席で，自分の奥さんに対する不満を愚痴っていた。「家に帰ると，奥さんがいろいろな文句を言ってくるから，ストレスがたまるんだよ。」そうしたことを散々部下たちに話していた。

そして，同書は，この事例に即して，「あなたが部下Bだとしたら，A課長（上司）に対し，どのような言葉をかけますか」というように展開する。

同書によると，この設問に対しては，三つの言葉かけが考えられるという。

　①「それはひどい奥さんですね。」
　②「でも奥さんも大変なんじゃないですか。」
　③「A課長はお家でだいぶストレスを感じていらっしゃるんですね。」

これら三つの選択肢（回答）の意図を説明すると，次の通りである。

まず，①は，「同感」である。「同感」は，相手の話に対して「私も同じように思います」と表明することである。その結果，この回答は，上司と一緒になって奥さんを批判することになる。したがって，この場合，部下が課長に同感すると，課長の身内の悪口に賛同することになってしまい，課長を怒らせかねない。なお，同書では，「同感」と「共感」を区別すべきである，というW.ジェームスの指摘を重視している［三上ナナミ，2024：93］。

　次に，②は，「否定」である。「否定」は，相手の話に対して，「私は違うように思います」と表明することである。その結果，この回答は，課長を批判することになる。したがって，この場合，部下が課長を否定すると，課長は「お前は俺が悪いとでも言うのか」というように，怒らせかねない。

　①と②が不正解であるならば，正解は必然的に，③の「共感」となる。「共感」は，ロジャーズよろしく，肯定も否定もせず，ただ相手の気持ちを受け取ること，すなわち相手の気持ちに焦点をあて，それを受けとめ，言葉にして返してあげることである。③の，「A課長はお家でだいぶストレスを感じていらっしゃるんですね。」は，その気持ち，わかりますよ，という程度の意味である。

　ところが，それは，A課長の気持ちをそのまま言葉に移しただけである。つまり，部下は，奥さんがひどいという事実よりも，A課長が「自分が大変なんだ」，「ストレスがたまっているんだ」という気持ちを誰かに分かって欲しいから話したのだ，と解釈（深読み）し，この

ように返答したわけである。

　こうしてみると、③のように、部下が A 課長に共感しつつ、彼の気持ちをそのまま受けとめ、言葉にして返してあげることは、ベストとまではいえなくても、ベターのように思えてくる。

　このように、三上は、相手に共感しつつ、相手の気持ちをそのまま受けとめ、言葉にして返すことが正解であるとしている。それは、ロジャーズの共感の受け売りにすぎない。問題なのは、本事例（問題）においてこれ以上の解決方法があり得ないということを示唆していることだ。

　では、ロジャーズ（クライエント中心療法）の共感以外に、より適切な共感の仕方はないのであろうか。

　筆者が思いついた共感は、次の通りである。

　私（筆者）が部下の一人として、同じ状況で上司の愚痴を聞いたとする。そのとき、私はまず、「上司の、奥さんへの愚痴（批判）を認識する」。そして次に、私は即答を避けて、少し間を開けてから次のように言葉を返す。「いま、おっしゃったようなことは、私にもありますよ。私が家に帰ると、妻からいろいろな文句を言ってくるので大変ですよ。」、と。

　本事例で部下である私が独身の場合、上司の身に起こっていることを自己自身のうちに探すことができないかもしれない。そうした場合は、たとえば、「妻のいる、知り合いの S さん」の例を持ち出せばよい。本事例のようなことは、日常茶飯の話なので、例はすぐに見つか

るはずである。

　総じて，本事例は，上司と部下のあいだの会話であるが，一般化すると，このようになる。つまり，相手が感情を込めて述べていることを当人に直接，返すのではなく，一旦，相手が述べていることが自己自身にも心当たりがあるのではないかと推量し，類似した事柄を探り，自己自身のこととして返すのである。

　ここに到って，前述した，筆者の母親への共感の問題に対する解決法が明らかになってくる。

　具体的に述べると，たとえば，筆者の母親が「今日も具合が悪い」という愚痴を言った場合，筆者（息子）は，「僕（私）はお母さんほどは年をとっていないので違うかもしれないけれど，それでも，最近，具合の良くないことが多くなった気がするよ。年には勝てないね。」というように，言葉を返せばよいのではないか（無理やり嘘をつく必要はないが，親が老いる頃には，その子どもも多少なりとも老化しているはずである）。

　とにかく，自己とは異なる相手が話すことを，相手に向けて即答するのではなく，相手に起こったことを一旦，わが身に置き換えた上で，言葉を返すことこそ，真の共感となり得るのではないかと考えられる。

　以上，二つの事例，すなわち部下の，上司への共感と，筆者の母親への共感を通して，ロジャーズの共感よりも適切な共感のあり方についてみてきた。

　ところで，最近，共感がアナロジー的推論に基づくことを指摘した

著書に遭遇した。筆者は，それまで気づかなかったが，よくよく考えると，二つの事例がそのままアナロジーの，比例の論理から成ることがわかる。

山野弘樹は，「『アナロジー』を共感の手段として用いる」[山野弘樹，2022：4]ことについて，次のように述べている。

「私たちは他者の言葉を手がかりにしつつ，他者の状況（B）に類するような事態を，自分の身の回りに起こりうる状況（D）として考える」[山野弘樹，2022：206]，と。つまり，他者（A）と私（C）の双方が共感し合うためには，相手の「身の回りの状況」を自分の「身の回りの状況」として捉えることが不可欠である。山野の図を文章化した上で説明すると，それは，私（C）は，他者（A）の身の回りの状況（B）を「私の身の回りの状況（D）＝自分事」として捉え，共感することである。

記号で表すと，A：B ＝ C：D といった四項関係となる。この比例式は，他者（A）にとっての，他者の身の回りの状況（B）が，私（C）にとっての，私の身の回りの状況（D）に当たることを示している。それは，アナロジーの比の論理である。

山野は，筆者とは異なり，相手の状況を自分事として捉え，共感できる手段（方法）としてアナロジーを利用することを提案している。それに対して，筆者は，共感のうちにアナロジーの論理を認めつつも，対人関係が円滑に収束する共感のうちにアナロジーという摂理が働いていると考えている。山野が，アナロジーの論理を共感の手段として

利用すべき推論であると考えているとすれば，筆者は，アナロジーの論理がすでにあるべき共感の摂理として事後的に見出されると考えているといえる。

　つまり，山野と筆者の捉え方の相違は，私もしくは他者の「身の回りの状況（B・D）」を重視するか，それとも，副次的なものとするかにある。それゆえ，筆者は山野が述べるように，「相手が置かれている状況や環境についての知識が端的に不足しているせいで，私たちはそうした状況によって追い詰められている他者の心情を想像することに失敗しているのである。」［山野弘樹，2022：206］という考えを採らないのである。

　こうした根本的な違いはあるにせよ，筆者は，山野の著書によって共感が「アナロジー＝比例の論理」として成り立つことを確信するに到ったのである。

Ⅲ. アナロジーと演繹・帰納・アブダクション

1. 分析的推論と拡張的推論

　前述したように，推論は，既知を手がかりに未知を推し量る思考である。次に，アナロジーと他の推論，すなわち演繹（deduction）・帰納（induction）・アブダクション（abduction）と比較することを通して，あらためてアナロジーの特性をみていくことにしたい。ここでいうアナロジーは，言語領域におけるそれである。

　一般的に，推論は，演繹と帰納の二つに分類されることが一般的であるが［戸山田和久，2005：51 ／ Kneale, 1949：104］，本書では，S.パースが提唱したアブダクションを推論に含める立場から，演繹・帰納・アブダクションという三者に分類することにする［中井，2021b］。

　ところで，推論は，まず，論理的推論と蓋然的推論の二つに大別することができる。ある推論が論理的であるというのは，前提のすべてが成り立つ場合は必ず結論が成り立つということを意味する。こうした論理的推論のことを演繹的推論と呼ぶ。米盛裕二は，演繹的推論を「推論の形式（前提と結論の間に成り立つ論理的形成）のみによって真なる前提から必然的に真なる結論が導かれる」［米盛裕二，2007：3］と規

定している。つまり，演繹的推論は，経験からまったく独立に成立する推論形式なのである。極論すれば，それは，推論の内容を一切無視することができる。総じて，論理的推論としての演繹的推論（＝演繹）は，それによって導出される命題（結論）が経験とは無関係に，文字通り「論理的＝形式的に」完結している。

　これに対して，ある推論が蓋然的であるというのは，前提のすべてが成り立つ場合は高い確率で結論が成り立つことを意味する。こうした蓋然的推論のことを広義の帰納的推論と呼ぶ。総じて，蓋然性推論としての帰納的推論（＝帰納）は，それによって導き出される命題（結論）が経験と関係づけられる，すなわち経験に開かれていることから，蓋然的なものとなる。つまり，帰納的推論によって導き出される事柄（結論）は，かなりの確率で起こり得るが，必然的には起こり得ない。

　まず何よりも，推論は，論理的か蓋然的かによって，大きく二つに分かれるのである。

　論理的推論の種類が，演繹的推論だけであるのに対して，蓋然的推論の種類は，個別的な事例から一般的な規則を導出する帰納的推論，観察された現象を説明する理由を推測する仮説的推論（アブダクション）の二つがある。裏を返せば，蓋然的推論という分類からすると，アブダクションは帰納的推論の一種であり，それに含まれるのだ。

　さらに，論理的推論／蓋然的推論の各々の特徴から帰結するように，論理的推論は「分析的推論」であるのに対して，蓋然的推論は「拡張的推論」であると各々，名づけられる。論理的推論が分析的推論であ

Ⅲ．アナロジーと演繹・帰納・アブダクション

るというのは，経験とは関係のない（経験に左右されない）形式的なものであるのとは対照的に，蓋然的推論が拡張的推論であるというのは，殊更，重要である。というのも，蓋然的推論としての帰納的推論と仮説的推論（アブダクション）は，経験および経験的な知識を拡張するために使用される類いの推論だからである。後で述べるように，両者は，推論によって導き出される命題（結果）が，必然性を担保し得ない，蓋然的な水準にとどまるがゆえに，誤ったものもしくは不確かなものとなり得る。ところが反面，両者は，推論による飛躍，すなわち発見が期待できるのである。なお，米盛は，帰納的推論と仮説的推論（アブダクション）を比較しつつ，アブダクションが「すぐれた発見的機能を有するが，しかし可謬性の高い推論であり，帰納よりも論証力の弱い種類の蓋然的推論」［米盛裕二，2007：4］だと規定している。アブダクションは，帰納的推論よりも，発見的機能という面でメリットを有するが，そのことと裏腹に，可謬性が高い，すなわち論証力が弱いという面でデメリットを有するのである。その意味では，アブダクションは，推論としては，リスキーながらも創造的なものなのである。

2．演繹・帰納・アブダクションの相互比較

以上述べた，三つの推論について，同一の事例を交えつつ，簡潔な命題式および記号で表すと，各々，次のようになる［54 ページ参照］。

<u>演繹</u>

規則：雨が降ると，地面が濡れる→AならばBである：$A \rightarrow B$

事例：雨が降っている。　　　→Aである　　　　：A

結論：ゆえに，地面が濡れる。→ゆえにBである　：$\therefore B$

<u>帰納</u>

事例：雨が降る。　　　　　　→A_1はBである　：$A_1 \rightarrow B$

結果：地面が濡れる。　　　　→A_2はBである　：$A_2 \rightarrow B$

規則：ゆえに，雨が降ると地面が濡れる。

　　　　　　　　　　　　　　→ゆえにすべてのAはBである

　　　　　　　　　　　　　　：$\therefore A \rightarrow B (A_{1 \sim n})$

<u>アブダクション</u>

規則：雨が降ると地面が濡れる→もし仮説Hとすると，なぜAで

　　　　　　　　　　　　　　あるのかを説明することができる

　　　　　　　　　　　　　　：$H \supset A$

結果：地面が濡れている。　　：$\rightarrow A$

事例：恐らく，雨が降ったのだろう→Hであろう：$\therefore H$

　まず，演繹とは，規則を既知の事柄として前提とし，規則に基づいて一つの事例から，特定の結論（帰結）を推論する方法であった。例

III. アナロジーと演繹・帰納・アブダクション

示すると，それは，「雨が降ると，地面が濡れる」という規則を，既知の事柄と前提とした上で，「雨が降っている」という事例から，「地面が濡れる」という結論（帰結）を推論する場合に相当する。これは，ほんの一事例にすぎず，後述するように，演繹は推論の中でも利用範囲が広い。

次に，帰納とは，予め，事例と結論（帰結）が付与されていて，この二つから規則を推論する方法であった。前出の例でいえば，「雨が降る」という事例と，「地面が濡れる」という結果から，「雨が降ると地面が濡れる」という規則を推論する場合に相当する。

最後に，アブダクションとは，予め，結論（帰結）が付与されていて，結論から仮の規則に基づいて事例が推論される場合であった。ここでいう「仮の規則」は，仮説的規則である。前出の例でいえば，予め，「地面が濡れている」という結論が付与されていて，結論から「雨が降ると地面が濡れる」という仮説的規則に基づいて，「恐らく，雨が降ったのだろう」という事例を推論する場合に相当する。アブダクションの推論式は，前述した通り，「A　H⊃A　∴H」である。この推論式からわかるように，後件 H を肯定することで，先件 A を肯定していることから，それは，「後件肯定の誤謬」であり，論理上の規則に反している。

以上の説明だけでは，演繹・帰納・アブダクションといった三つの推論の相違点が十分，説明し得ていない。なぜなら，三つの推論において各々，予め付与されている既知の事柄が異なるからである。既知

の事柄が異なれば，当然のことながら，その既知の事柄に基づいて導出される未知の事柄も異なることになる。次に，そのことに焦点づけて，三者の相違点をみていきたい。

　まず，演繹は，他の二つの推論とは異なり，既知の事柄（＝規則）から既知の別の事柄（＝結論）を導出する。それゆえ，前提となる規則が真であれば必ず，結論が真，すなわち真理保存的なものとなる。その点において，推論の中でも，演繹はきわめて正しい推論なのである。裏を返せば，前提の命題（公理）が整っていれば，その命題（公理）から導出される結論は必然的に正しいということになる。とはいえ，既知の事柄から既知の事柄を導出することからもわかるように，演繹的推論によって導出されてくる情報量は増えない。それどころか，前提の命題（公理）が正しくなければ，その命題（公理）から導出される結論は必然的に正しくない（間違っている）ことになる。

　これに対して，帰納とアブダクション（拡張的推論）は，既知の事柄（＝規則）から未知の事柄（＝結論）を導出する。それゆえ，それらは，予め，結論には前提としなかった新しい情報が付け加わる。ところがその反面，それらは，前提となる命題が真であるからといって，結論となる命題が真であるとは限らない。その点で，それらは，前述した通り，蓋然性の高くない推論となる。

　こうして，演繹が，既知の事柄（＝規則）から既知の他の事柄（＝結論）を導出することで，前提と結論が常に真になるという意味で正しいが，情報量が増えない推論であるのに対して，帰納・アブダクショ

ンは，既知の事柄（＝規則）から未知の事柄（＝結論）を導出することで，規則と結論が常に真，すなわち真理保存的であることが保証されない。それは，蓋然性が高くないが，情報量が増える，もっといえば，思考の飛躍もしくは発見的機能が発動され得る推論だということになる。

こうして，あらためて，演繹と帰納・アブダクションを二つに大きく区別することができる。

以上，既知の事柄から既知の他の事柄を導出するタイプの推論である演繹と，既知の事柄から未知の事柄を導出するタイプの推論である帰納，既知の事柄から未知の事柄を発見するタイプの推論であるアブダクションに三分法化した。

3．他の推論からみたアナロジー

これまで，三つの推論について述べてきたが，アリストテレス研究者，C.アダムスは，演繹・帰納とアナロジーを，「法則」・「事例」という二つの概念によって，しかも図を添えて比較検討している（以下，本節ではアダムスの「法則」を「規則」に統一）。

後で示す図 10 ［59 ページ参照］のように，演繹が一つの「規則」→多数の「事例」，帰納が多数の「事例」→一つの「規則」というように，矢印の向きが正反対に表されている。この点については，説明の余地はない。同じく，帰納と，（アダムスには記載のない）アブダクショ

ンについては，帰納が多数の「事例」→一つの「規則」，アブダクションは一つの「規則（仮説）」→一つの「事例」というように，両者は同じ拡張的推論にもかかわらず，アブダクションは形式的には演繹と類似している。とはいえ，アブダクションは演繹とは異なり，一つの「規則」を一つの，特定の「事例」にだけ当てはめるのだ。

それでは，肝心のアナロジーはどうか。これについて，アダムスは次のように述べている。

「類推の仕組みは，……あるものと似ている。帰納だ。類推は，基本的に演繹よりは帰納に近い。どちらも出発点では手元に規則がないからだ。

類推も帰納も，観察した行動や特性から，規則を推測するしかない。ただし，帰納が多くの事柄，もしくはすべての事柄を引用して結論を導こうとするのに対し，類推はたったひとつの事例から結論を出そうとする。帰納は多数の事例から規則にたどり着くが，類推は，単一事例から規則に至り，その規則を別の事例へと適用するのだ。」[Adams, 2019：168]，と。

さらに，「帰納の理想は，ありとあらゆる事例を揃えることだ。どうにかして普遍的であろうとする。他方，類推はもっと図々しい。たったひとつの事例から規則を作ってしまうのが類推だ。数ある事例の中から，特に教訓や啓示に富むと思われるものを選び出す。帰納を裏づけるのは事例の数だが，類推はひとつの典型事例にかなりの比重を置いている。」[Adams, 2019：168-169]，と。

アダムスがいみじくも述べるように，アナロジーは，教訓や啓示という典型事例によって，単一「事例」から「規則」へ，そして「規則」から別の「事例」へという具合に，一足飛びに自らの思考・推論を飛躍させる。つまり，類推は，図 10 に示されるように，一つの事例→規則→別の一つの事例，と表される。

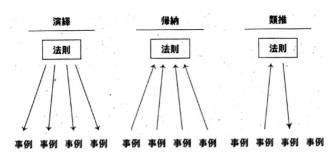

図 10　演繹と帰納と類推の違い

以上のように，アダムスが述べるように——それにアブダクションを加えた上で——，演繹・帰納・アブダクション，そしてアナロジーは，「事例」と「規則」によって共通性と相違性を明らかにすることができる。繰り返しになるが，演繹が一つの「規則」→数多くの「事例」，帰納が数多くの「事例」→一つの「規則」と逆向きになる一方で，アブダクションが一つの「規則」→一つの「事例」となることで，矢印の向きは演繹と同じになる。総じて，演繹・帰納・アブダクションは，「規則」→「事例」もしくは「事例」→「規則」というように，矢印の向きが一方向になる。これに対して，アナロジーだけは，「単一事例

から規則に至り，その規則を別の事例へと適用する」というように，ツーウエイとなることから，きわめて特殊な推論なのである。

　見方を換えれば，創作者が単一事例から一挙に規則を作り，それをすぐさま別の事例へ適用する推論だからこそ，(乳)幼児は自然に利用できるのである。誤解を恐れずにいえば，アナロジーは，「事例→規則→事例」というきわめて単純な推論形式をとる。その分，(乳)幼児はアナロジーを利用しやすいわけである。

　わかりやすく述べると，幼児のアナロジーの創作仕方は，たとえば，幼児がネコをペットとして飼っていたときのノウハウ（経験「規則」）をイヌを飼うことに活かす場合のように——ネコとイヌの習性の類似性——，既知（「事例→規則」）を未知（「規則→事例」）に活かすのとパラレルである。むしろ，幼児は日常，経験するペット飼育などを通して身につけたことをベースに，それらと類似した事柄に対処しているかもしれない。そして，アナロジーも，そうした経験の積み重ねから生成されてくると考えられる。

　このように，アダムスを参照しながら，アナロジーの推論過程を「事例→規則→事例」と表した。ところが，幼児が単一事例から見出した規則について幼児自身，それが規則だとは認識していないのではないか。そのことは，大人についても当てはまる。私たち大人がたとえば，アナロジーによって「電流」と「水流」という二つの概念に類似性を見出しても，両者に共通の法則（規則）そのものは，当初，直感的なレベルにとどまる（むしろ，両者をアナロジーによって類似したものと捉え

Ⅲ．アナロジーと演繹・帰納・アブダクション

ることのデメリットは，決して少なくない）。

　このように，アナロジーによって，二つの対象・概念（事例）における類似性が発見されたとしても，両者を繋ぐ規則（法則）は，不明確なままであったり，顕在化しなかったりする。もっといえば，この場合の規則（法則）は，いわゆる黒子なのだ。むしろ，規則（法則）は，直感的に見出された事後になって初めて説明されたり解明されたりするのだ。

　幼児のアナロジーに戻すと，幼児がそれを創作するとき，規則（法則）は不明確なままである。前出のニールの場合，法則（規則）に相当する（人間と鳥の）住環境の構造は，創作者ニールにとって顕在化されなかった。彼は実際，住環境の構造（法則）を念頭に置きながらも，それを顕在化することなく，「家」→「巣」，「庭」→「木」という具合に，二つの対象（事例）のあいだで類似性を見つけ出していった。その意味で，アナロジーにおいて，幼児，そして多くの大人は，規則を事後的に見出すにすぎない。幼児にあっては，規則を見出すことさえしないのだ。

　いずれにしても，アナロジーは，幼児のように，未だ規則および規則についての認識を十分身につけておらず，その上，数少ない過去の事例（経験・知識）［既知］しか持ち合わせていない者にとって，自らの目的（課題）を追求し，課題解決するためには，うってつけの推論であるといえる。

　こうして，規則という観点から，一連の推論を捉えると，最も確固

61

とした規則を前提にさまざまな知識を導き出すのが演繹，多数の事例から規則を探し出すのが帰納，特定の規則から新たな事例を発見するのがアブダクション，ということになる。こうした演繹・帰納・アブダクションに対して，規則が顕在化されないまま，事例から事例へと類似性を発見するのがアナロジーである。ただ，急いで付け加えると，幼児を含め私たちがアナロジーによって，事例から事例へと類似性を見出す思考過程のうちに，無意識裡に二つの対象・概念における構造的類似性，すなわち規則（法則）を発見していると考えられる。

Ⅳ. アナロジーからアブダクションへの進展

1. ルール学習におけるアナロジーからアブダクションへの移行

　これまで，アナロジーをはじめ，演繹・帰納・アブダクションといった四つの推論について述べてきた。これらの推論の中で，思考上の飛躍や発見をともなうものは，アナロジーとアブダクションであった。アナロジーは，アブダクションのような拡張的推論ではないが，私たち人間に創造的な発見をもたらす推論である。

　ところで，筆者は，アナロジーとアブダクションという，思考上の飛躍や発見をもたらす二つの推論について，アナロジーからアブダクションへと進展する場合が少なからずあるのではないかと考えている。次に，アナロジーからアブダクションへの進展を示す（と思われる）一例を取り上げることにしたい。

　前出のホリオークらが挙げた4歳児・ニールの事例からわかるように，幼児は就学する前にすでにアナロジーという推論を自然に身につけていた。裏を返せば，子どもは白紙状態のまま，学校教育を受けるわけではないのだ。そこで本書では，就学前児童が思考（推論）によって学校以前にかつ学校外で得る知識のことを特に「学校前・外知識」

と呼ぶことにしたい。しかも，この類いの知識は，幼児によって自生的に生成されるということで「自生的知識」と名づけるのが相応しい。繰り返しになるが，就学前児童は，アナロジーを身につけるとともに，それによって得る「学校前・外知識（自生的知識）」を保有しているのである（アナロジー以外の乳幼児の自然知能として，筆者は，乳幼児の「〜になる」，すなわち身近なもの「になる」という能力について詳述したことがある［中井，2018／2021a］が，本書では言及しない）。

　前述したように，これまで学校教育を受ける以前，子どもはほとんど白紙の状態にあるので，学校で一から思考や知識を習得するのだと思念されてきた。もしくは，素朴物理学や素朴生物学などが示すように，子どもは，子ども独自の誤った思考およびそれから導き出される素朴な知識や前概念を保有していると考えられてきた。いずれにせよ，これまで，就学前児童は，未だ十全の自然知能を持たない存在にすぎなかったわけである。

　しかしながら，こうした風潮に反して，就学前児童が自然に身につけた推論やそれによって得た学校前・外知識の存在を認め，そのことを踏まえた上で，科学教育（理科教育）を展開した民間教育グループが存在した。その一つが，極地方式である。次に，極地方式の授業方式を取り上げる中で，子どもにとってアナロジーが重要な推論であることに言及することにしたい。予め述べると，ここで取り上げるのは，科学教育の授業方式においてどのようにアナロジーを活用するのかというノウハウの問題ではなく，むしろ幼児がすでに身につけているア

Ⅳ. アナロジーからアブダクションへの進展

ナロジーを学校の授業実践にどのように繋げるのかという問題である（ここで取り上げるものは，アナロジーをモデルとする授業方式のことではない）。

ところで，極地方式の授業方式とは，子ども（幼児）が学校前・外で自然に身につけた個々の自生的知識（極地方式では「自成的知識」であるが，以下，「自生的知識」に統一）を帰納によって法則（ルール）として一般化し，その法則（ルール）を自然対象の理解に用いるというものである。一般に，この授業方式は，「ルール学習」と呼ばれている。ここでいう「ルール学習」の「ルール」は，前述してきた，推論における「規則」・「法則」に匹敵する。

このように，ルール学習において，私たち（子ども）は，個々の経験・知識をバラバラの形で学習・記憶するのではなく，何らかの形で，すなわちその人なりに「一般化」もしくは「パターン化」しながら記憶する。この場合の「一般化」，「パターン化」とは，ルールおよびルール・システムを構築すること意味する。

ではあらためて，なぜ，ルール学習なのか——その理由は，従来，科学教育の領域を支配してきた学習法が根本的に間違っていたことに求められる，と。つまり，従来の学習法は，自然現象についての知識（概念）を，個々（個別）に切り離してその定義（科学用語と科学法則）を子どもに記憶させてきた。初歩的には，「すべての動物はエサを食べる」という基本的なルール（規則）を子どもに十分学習させることなく，「トラはエサを食べる」とか，「メダカはエサを食べる」という具

合に，個別的な知識を行き当たりばったりに反復学習してきたのである，と。

確かに，極地方式が指摘するように，「すべての動物はエサを食べる」と，「トラはエサを食べる」，「メダカはエサを食べる」は，根本的に異なる認識形式である。前者は，抽象的知識，すなわちルール（法則）についての命題であるのに対して，後者は，具体的，個別的知識，すなわち個別事例についての命題である。入学まもない子ども（低学年児童）にとっては，抽象的知識と具体的知識（個別的知識），抽象と具体の落差は思いのほか，大きい。

もう一例挙げると，「石やガラスに弾性はあるか」と質問された場合，子どもがそれに正しく答えるためには，「すべての固体はバネ（＝弾性体）である」というルール（法則）を十分学習しておく必要がある。たとえば，崖崩れで岩石が斜面に沿って上から下へとゴロゴロ転がり落ちてくるとき，それは，地面の上を滑り落ちるのではなく，山肌に何度もぶつかり，大きく弾みながら落ちてくる。こうした岩石の落ち方は，石が弾性体であることを示している。子どもを含め，私たちが実際，落石の被害に遭遇したとき，石（岩）が弾性体だということを知っているか知っていないかで，石（岩）からの逃げ方（回避法）がまったく異なってくる。弾性体についての理解次第では，生死を分けることさえあるのだ。

ところで，伏見陽児らは，ルール学習の軽視こそ，わが国の科学教育の問題点であることについて次のように述べている。

IV. アナロジーからアブダクションへの進展

　「学習対象がルール化を可能にする構造［極地方式では「ものども，ことどもの相関連の原理」［細谷純，1983：367］と呼ぶ—筆者］を持っているにもかかわらず，子どもの方がそのルールを学習するという観点がないために，あるいは教師の方にそのルールを教えるという観点がないために，個別的な学習に留まっている」［伏見陽児・麻柄啓一，1993：21］，と。

　あらためて，極地方式のルール学習について述べると［高橋金三郎・細谷純，1974／Evans,et.al.，1962］，それは，私たちが自分の（過去の）経験を個々の「事例」とした上で，その「事例」から，巧みに「ルール＝規則・法則」を作り出し，その「ルール」を利用して，推論活動を行うことである，と。ここで，「事例」は，「エグ (eg)」という記号に，「ルール」は，「ル (ru)」という記号に，各々表される。

　ルール学習において子どもは，過去の数少ない経験を駆使しながら，それを素材にとりあえず大まかな経験則（ルール）を作り出す。この初発の過程は，「eg → ru」と表される。ただここで，ルール作りは，数多くの「エグ」から導き出した方がより確実なものとなる。つまり，それは，「eg_1 → eg_2 →……→ eg_n → ru」と表される。これは，数多の個別事例から一般的な法則（ルール）を導き出す，いわゆる帰納法である。ところが，それは，学習（探求）のメカニズムを推論の立場から事後的に説明し，定式化したものにすぎない。したがってそれは，いま，まさにある認識を形成しつつある子どもの学習過程を反映したものとはいえない。むしろそれは，子どもの心理プロセスをまったく無

視している。ここで，子どもの心理プロセスというのは，子ども自身の好奇心や興味に沿って，「〜をしたい」，「〜を知りたい」などの欲望を意味する。こうした子どもの心理プロセスからすると，子どもはたとえ大まかでもいいからとりあえず，仮にルールを構築し，その構築したルールを少しでも早く対象（事例）に対して使っていきたいのだ。それが，子どもの心理プロセスに沿った学習法なのである。

　そして，「eg → ru」の結果，子どもは大まかな「ル」を作り出した後，その「ル」を用いて「エグ」を推論したり予測したりする。この過程は，「ru → eg」と表される。ただ，この場合でも，一つのルールから数多くの「エグ」が導き出されることになり，それは，「ru → eg_1 → eg_2 →……→ eg_n」と表される。これは，一般的な原理から個々の事例を説明する演繹法である。ところが，それもまた，学習のメカニズムを事後的に説明・定式化したものにすぎない。ここでもまた，いま，まさにある認識を形成しつつある子どもの心理プロセスは，まったく度外視されている。子どもの心理プロセスからすると，作り出したルールをとりあえず，一つの事例に使ってみることでそのルールの妥当性を確かめる，そして，また別の事例に使ってみるというプロセスを繰り返すのが，自然の流れであると考えられる。

　以上のことから，いま，ある認識を形成しつつある子どもの学習過程は，「eg → ru」と「ru → eg」という二つの段階，すなわち「事例からルールへ」と「ルールから事例へ」といった認識の往復運動——認識活動のツー・ウェイ——から成り立つ。しかも，このプロセスは

IV. アナロジーからアブダクションへの進展

一回限りで完結することなく，オープンエンドとなる。したがって，それは，「eg → ru → eg → ru → eg → ru →……」と表される。さらに，この図式に子どものルールへの確信の度合いを加味すると，それは「eg → ru → eg → r u→ eg → r u」と表される。この図式は，最初，子どもが一つの「エグ」から大まかな「ル」を作り出し，その作り出された「ル」をまた別の「エグ」に適用していくうちに，ルールの確かさや正しさが実感できるようになることを示している。「r u」または「r u」という（「ru」の）拡大表現は，子どもの，ルールに対する確かさや正しさの度合いの強さを表している。

以上のように，「eg → ru」と「ru → eg」というツー・ウェイ方式を採るルール学習は，多数の事例からルールを見出す推論である帰納法でもなく，一つのルールから数多くの事例を導き出す推論である演繹法でもなく，子どもの心理プロセスを優先して作り出された極地方式の独自の推論方式である。ルール学習は，現在でも十分通用する科学教育法の一つであることに相違ない。

ところで，筆者がルール学習に注目したのは，次の点である。それは，「eg → ru → eg → ru → eg → ru →……」と表されるルール学習の，「eg → ru → eg」，すなわち「事例→ルール→事例」に相当する推論部分が，前述したアナロジーの「事例→規則→事例」とまったく同型だということである。ただ正確には，アナロジーは，「事例→（規則）→事例」というように，子どもからみて，規則は顕在化していなかった，あるいは，認識の背後に退いていた（規則の潜在化）。つまり，前

69

出のニールがそうであったように、子どもは規則が何であるのかを認識していないという以前に、規則を規則として認識していなかった。裏を返せば、規則（ルール）が未だない（不在である）ときに、行われる推論がアナロジーなのだ。むしろ、子どもにとって、規則（ルール）が不在もしくは欠如しているとき、アナロジー的推論はアクティブに働くのである。

こうした観点からすると、ルール学習における「事例→ルール→事例（eg → ru → eg）」はどうであろうか。前出の例で述べると、子どもは、テレビや図鑑を通して「トラはエサを食べている」のを見ることで、トラのような動物も、私たち人間と同様、「エサを食べる」ことを直感的に理解する。そしてまた、別の機会に学校で飼育しているメダカを見て、「メダカは（も）エサを食べる」ことを直感的に理解するであろう。この場合、子どもの中で「トラはエサを食べている」という事例は、「動物はエサを食べる」というルール（法則）を経由して、「メダカは（も）エサを食べる」という別の事例に結びついている。

注意すべきなのは、ルール学習が子どもの自発的な学習を重視する以上、子どもが一つの事例からルール、すなわち「動物はエサを食べる」という命題を作り出した時点では未だ、子どもはそれを直感的に理解しただけであり、「すべての動物はエサを食べる」という一般法則を認識していないと考えられる。たとえ、子どもは法則を認識していなくても、「メダカは（も）エサを食べる」ことを直感的に理解できるのである。

IV. アナロジーからアブダクションへの進展

　むしろ，子どもはまた別の事例に遭遇することで，ルール（法則）が正しいという信念を強くする。それは，前述した「eg → ru → eg → r u → eg → r u」に番号を付けた「$eg_1 → ru_1 → eg_2 → r u_2 → eg_3 → r u_3$」というように，子どもは一つ目の事例（$eg_1$）から大まかなルール（$ru_1$）を作り出して，そのルール（$ru_1$）をまた別の事例（$eg_2$）に適用することで，ルール（ru）の確かさを強めていくことになる（$r u_2$）。このようにして，子どもの中で eg の数の増加によって，ru → r u → r u……という具合に，ルール（一般法則）への確信度合いが漸次，強まっていくのだ。そのことが，極地方式のいう，自然現象についての一般法則（抽象的知識）を習得・理解することなのである。

　見方を換えれば，ルール学習は，子どもに個別の事例を反復学習させるのでもなく，抽象的な法則（「すべての動物はエサを食べる」という科学法則）を一方的に教えるのでもなく，子どもが人間を含め，トラ，メダカ，ニワトリ……という具合に，事例を積み重ねていくプロセスで「すべての動物はエサを食べる」という科学法則への信念を強めていきながら科学法則を習得するのである。

　以上のことからいえることは，子どもにとって，ルール学習の中にアナロジーという推論が埋め込まれているということである。むしろ，アナロジーを通して，前出のニールが人間の住居環境と，鳥の住居環境をアナロジーによって理解したように，子どもはトラにとっての摂取対象が肉の塊，メダカにとっての摂取対象がメダカ専用のエサ，という具合に，アナロジーによって結びつけるとともに，「すべての動物

はエサを食べる」という構造的類似性を直感的に理解するのである。子どもは，アナロジーによってそうした構造的類似性を直感的に理解していく中で，この，「すべての動物はエサを食べる」という科学法則（ルール）についての信念を強め，この法則（知識）を「法則」として認識していく。

ところで，ルール学習の推論式は，「eg → ru → eg → ru → eg → ru →……」と示されるが，実際は，「eg → ru」（「事例からルールへ」）と，「ru → eg」「ルールから事例へ」という二つの段階から成り立つものであった。

そして，過去の数少ない事例から作り出した大まかなルール（経験則）を別の事例に適用するのは，アナロジーであるが，こうしたアナロジー的推論の繰り返しの中でルールへの信念が強まり，これが法則（ルール）だと十全に認識したとき初めて，アナロジーがアブダクションへと移行すると考えられる。アナロジーからアブダクションへの移行は，就学前児童から児童生徒（＝学校の子ども）への発達とパラレルである。ただし，アナロジーは，ルール学習におけるアナロジーからアブダクションへの移行とは無関係に，私たち人間によって一生のあいだ，利用され続けるのである。

以上述べた，アナロジーからアブダクションへの移行については，図11のように表すことができる［**73**ページ参照］。

図11に表されるように，推論がアナロジーがアブダクションへと移行するのは，「ru_3」のときとなっている。子どもによっては，そ

のときがそれよりも前の段階の「ru_2」であるかもしれないし，反対に，それよりも後の段階の「ru_4」であるかもしれない。あるいは，こうした移行が起こらない子どもも少なからずいよう。それゆえ，図11は一例なのだ。

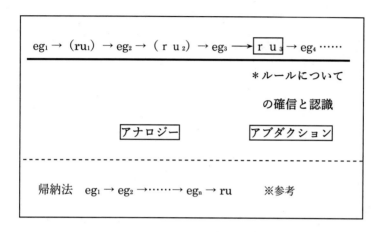

図11　アナロジーからアブダクションへの移行（一例）

　たとえ，どの段階（時点）で移行するにしても，各々の子どもにとって移行するのは，法則（ルール）が確信できると同時に，それが法則として認識できた段階（時点）なのである。こうした，アナロジーからアブダクションへの移行の契機は，子どもの心理プロセスを無視したまま，帰納法が科学的方法だということで，それによって授業を進めていくならば，起こり得ないのである。

　いま述べた，アナロジーからアブダクションへの移行を説明するために，また別の事例を示しておきたい。たとえば，「昆虫の足は6本で

ある」という科学法則がある。ルール学習を通して子どもがこの法則を学ぶ場合，とりあえず，その法則（ルール）を手がかりにたとえば，「バッタの足は6本である」とか「カマキリの足は6本である」等々という具合に，アナロジーによって，バッタ，カマキリ，コオロギ，セミ……と身近な生物を直感的に理解するであろう。ところが，あるとき子どもは，クモの足が6本以上（8本）あるのを見て，「クモは昆虫でない」と推論したとする。この子どもは，いままでクモが昆虫であると思念していたが，クモとバッタやカマキリでは足の本数が異なることを知り，「昆虫の足は6本である」という法則を法則としてあらめて認識することになる。この段階（時点）こそ，前述したように，アナロジーからアブダクションへの移行契機となる。繰り返すと，子どもが対象や概念（事例）を直感的に理解することで，事例と事例の類似性を捉えるのは，アナロジーである。たとえ，その類似性の中に法則（ルール）が潜んでいることを看取しているにしても，である。

　以上のように，ルール学習において，アナロジーからアブダクションへの移行契機は，子どもからみて，「事例→<u>（法則）</u>→事例」が「事例→<u>法則</u>→事例」となるときである。裏を返せば，このときを境に，ルール学習にとって重要な，未知の対象・概念に対する推論・予測活動が始まるのである。

　ところで，私たちはすべての対象・概念についてその真偽を確かめることができない。ときには，直接経験していないもしくは直接経験することのできない未知の対象・概念に対しても，ある程度の蓋然性

IV. アナロジーからアブダクションへの進展

をもって推論したり予測したりすることが必要である。

　極地方式の前出の事例,「動物はエサを食べる」の発展態として,「すべての動物は,エサを食べ,食べたらウンチをする」というルールを持った子どものケースがある。この子どもは,「すべての動物はエサを食べる」という科学法則を踏まえた上で,「エサを食べたらウンチをする」という仮説を立てる。この子どもは,水槽で巻貝を飼っていたが,あるとき,水槽に一緒に入れてあった海藻が少し凹んでいることに気づいた。その直後,彼は,「きっと貝が食べたんだ」と述べた。数日後,子どもが水槽を観察していると,今度は水中に白い小さいぶつぶつのものがあることを発見した。そして彼は,「きっと貝のウンチだ」と述べたのである。

　この事例は,アブダクションの論理そのものを端的に示している。整理すると,次の通りである。

① 海藻の凹みと白い小さいぶつぶつのものといった二つの奇妙な現象が発見される
　　→驚くべき事実Cが発見される
② 「(貝も含めて) 動物はすべてエサを食べ,食べたらウンチをするはずである」
　　→しかしHならば,Cがあっても驚くにあたらない
③ 「海藻の凹み」は「貝が海藻をエサとして食べたこと」を意味し,「白い小さいぶつぶつのもの」は「貝のウンチ」を意味する

75

→ゆえに，Hである

　この子どもは，彼なりのルールを用いることで，いわゆる「巻貝のアブダクション」を構築したのである。その結果，子どもにこのルールへの確信の度合いがより一層強まったのだ。そして恐らく，彼はその後も引き続き，このルールをさまざまな事例に適用してみるであろう。このように，ルール学習では，子どもがアブダクションを幾度も繰り返すことによって予測活動を促進するのである。

　ただ急いで付け足すと，ときに，子どもが作り出し，確信を持ったルールが，「例外的事例」［細谷純，1983：368］もしくは「例外例」［高橋金三郎・細谷純，1974：80／伏見陽児・麻柄啓一，1993：39］［以下，「例外例」に統一］に直面することがある。「例外例」は，子どもにルールの変更を迫る。極地方式では，例外例（例外）は「$\overline{\text{eg}}$」と示される。この場合，子どもにとってアブダクションがルールへの確信の度合いを強めることになるどころか，反対にそのルールを放棄することにも繋がりかねない（ただし，そのルールが，後述するような「誤ったルール」である場合は，何ら問題はない）。

　ただ，見方を換えれば，例外例を発見できるのは，子どもがルールに沿って一貫した視点から自然認識を行っているからである。むしろ，極地方式が批判するように，明確な視点を持たない，個別的な学習を繰り返している限り，子どもが例外例（一般的には，例外）を見つける可能性はほとんどない。その意味からすると，子どもにとって例外例

IV. アナロジーからアブダクションへの進展

は，従来のルールを組み替え，新たなルールを形成していくための重要な契機となる。

　ところで，例外例は，記号学者，U.エーコの「過剰コード化（overcoding）」に相当する。「過剰コード化」とは，アブダクションとほぼ同義の「余剰コード化（extracoding）」［Eco, 1976=1980：220］の一つである。それは，「既有の規則に従って新しい規則が提出され，従来の規則のもっと稀な場合への適用を支配する」［Eco, 1976=1980：215］場合であり，既有のコードにもっと細かい規則を加えて分節化することを意味する。なお，「余剰コード化」のもう一つは，「過小コード化（undercoding）」［Eco, 1976=1980：218］であり，「信頼しうる既有の規則が存在しない」未知の状況に直面して新しいコードを「暫定的に想定する」［Eco, 1976=1980：219］場合であり，大まかなコードを暫定的に想定することを意味する。

　ここで重要なのは，過剰コード化が既有のコードをさらに細分化（緻密化）する方向での，自己のコードの組み替えであることから，過剰コード化と例外例が同型の機能を持つということである。過剰コード化の観点から述べると，例外例は，子どもが自然現象を解読（解釈）する既有のコードにもっと細かい規則を加えて分節化することであり，例外をも包摂し得る新たな解読コード——仮に「ru'」と表す——を作り出す契機となるであろう。この例外例を踏まえた学習（探求）のプロセスは，「eg → ru → eg → ru'→ eg」と表すことができる。

　ところで，子どもが自生的学習によって形成した「土着の知識－信

念体系」は，次のような性質をもっている。すなわちそれは，「(1)誤った方向への一般化がなされている場合が多い。(2)経験した際に現象的に顕著だった性質や部分にとらわれていることが多い。必ずしも明確には言語化されず，多くの判断の際の根拠として用いられているにもかかわらず，それが，自成の際の経験の狭さや偏りを前提にしているという意識が不明瞭である。」[細谷純，1987：165]といった性質である。

　一般的に，子どもは，ルールおよびルール・システムを能動的に構築するその一方で，過去の少数で偏った経験を精一杯，一般化するために，往々にして「誤ったルール」を作り出すことになる。しかも，子どもは，単に「誤ったルール」を作り出すだけでなくて，「誤ったルール」を，一定のあいだ——ときには，生涯にわたって——，保持し，使用する傾向がみられる。それは，「認知的バイアス」と呼ばれる。

　このように，子どもは，絶えず過去の経験を一般化させてルールおよびルール・システムを構築・保持するとともに，それを使用する。ただ，この場合，子どもは「その子なり」の一般化を行うため，誤ったルール——「ル・バー（$\bar{r}$）」[細谷純,1970：232-233／1976：145／1983：367]と表される——を作り出すことが普通である。つまり，私たちは，自己の（過去の）経験を個々の「事例（eg）」として巧みに「ルール（ru）」を作り出すのと同時に——ほとんど不可避な形で——，自己の内部に「ル・バー（$\bar{r}$）」，すなわち「誤法則」または「誤ルール」を所有してしまうのである。

Ⅳ.アナロジーからアブダクションへの進展

　ただ,子どもからみて,こうしたル・バーを所有することは不可避の事柄であって,それ自体,致し方のないことである。むしろ問題なのは,自己の内部にル・バーを作り出すときに前提とする経験の狭さや偏り(バイアス)に気づかないことである。自生的学習を想定する限り,たとえ子どもであっても,まったく何も知らない——まったく"白紙状態"の——人間は存在し得ない。存在し得るのは,自らが形成したルールおよびルール・システムそのものが経験の狭さや偏り(バイアス)を前提にしていることに気づかない,もしくはそのことを失念している人間なのである。

　こうした点も含め,この「ル・バー」について,伏見陽児らは,次のように明確に規定している。

　「過去の狭い,偏った範囲の経験の自成的一般化結果として作られ,ルール命題における前提項ないし帰結項の選び間違え,選び過ぎ,選び不足などや適用範囲の拡大過剰(誤れる一般化)や縮小過剰(誤れる特殊化)などの特徴を持つ。」[伏見陽児・麻柄啓一,1993：68],と。

　ここで重要なことは,「ルー・バー＝バイアス」だということである。ただ,子どもをはじめ,私たち人間が何らかのバイアスを持つことは必然的なのである。後述するように,乳幼児はバイアスがあるからこそ,言語能力が発達するのである。

　以上のように,極地方式が開発したルール学習は,科学教育にとって定石だと思念される帰納法を子どもが用いるのではなく,子どもの

79

心理プロセスを優先して，「事例→（法則）→事例→……」というアナロジー的推論を組み込むとともに，そうした推論の進展の中で子どもが「法則（ルール）」の確かさや正しさを確信できるように導き，法則を法則として認識できるように仕向けるのである。そして，法則を法則として認識したこの段階（時点）をもって，子どもがアナロジーからアブダクションへと移行することになる。その後，子どもはアブダクションによって未知の対象や概念に対して予測・推論活動を自発的に展開する。その意味において，ルール学習は，アナロジーがアブダクションへと移行する機会を子どもに与えるとともに，アブダクションによる予測・推論活動を促進するように導くのである。

2．ブートストラッピング・サイクル理論におけるアナロジーからアブダクションへの移行

　今井むつみらは，言語心理学の立場から，子どもが身近な言語の習得から始まり，高次の言語能力をどのように身につけるのか，その言語発達過程を説明するモデルとして，「ブートストラッピング・サイクル」[今井むつみ・秋田喜美，2023：193]を提示する。今井らは，同モデルについて次のように述べている。

　「人間の子どもには，ものすごい学習の力がある。知覚経験からの知識を創造し，作った知識を使ってさらに知識を急速に成長させていく学習力が人の子どもにはある。これを著者たちは，『ブートストラッ

ピング・サイクル』と名づけた。そこからさらに、ブートストラッピング・サイクルを駆動するのはどういう推論の力なのかという問いも生まれた。

　筆者たちは、論理を正しく推論する能力ではなく、知識を想像力によって拡張したり、ある現象から遡及して原因を考えたり、一番もっともらしい説明を与えようとする人間の思考スタイルこそが、その駆動力なのではないかと考えた。このような推論はみな、アブダクションという推論様式に含まれる。『アブダクション推論』がアナログの世界をデジタルの記号につなげ、記号のシステムを作り、それを成長させ、洗練させていくと筆者たちは考えるのである。」[今井むつみ・秋田喜美、2023：253]、と。

　このように、同モデルは、子ども（幼児）の知識が知覚経験からの知識に始まり、そうして身についた既存の知識が使用されることでその知識が更新され、連続的に成長していくという発達モデルである。こうした学習のサイクルは、子どもの内部の知識が自生的、連続的に成長することを示している。

　とはいえ、今井らが述べるように、子どもの内部の知識が自生的、連続的に成長していく道のり、すなわち低次の知識（言語）から高次の知識（言語）への道のりはあまりにも長く、多難である。その困難性について、彼らは、「名詞学習」と「動詞学習」を通してその発達過程の一端を例示している。ここでは「名詞学習」に関する実験例を挙げることにしたい。

「子どもが知らないモノに新奇な名前（「ネケ」）をつけ、①名づけられたモノと形もその他の特徴（大きさや模様）もそっくりのモノ、②形は似ているが他の特徴が異なるモノ、③形もその他の特徴もまったく異なるモノを見せ、「ネケはどれ？」と聞いた。すると2歳児は躊躇なく、もともと「ネケ」と名づけられたモノや、①形とその他の特徴を共有しているモノだけでなく、②形は似ているか他の特徴が異なるモノも、「ネケ」の対象として選んだのである。」[今井むつみ・秋田喜美,2023：195]

　つまり、「モノの名前を憶えていくうちに、子どもはモノの名前を指すことばは似た形のモノに使える、ということに気づき、新しいことばを聞くたびにそのルールを適用しているのだ。」[今井むつみ・秋田喜美,2023：196] 今井らは、「モノの名前を指すことばを似た形のモノに使えるという思い込み」のことを「形バイアス」[今井むつみ・秋田喜美,2023：196] と名づけている。「形バイアス」は、形「バイアス（偏り）」ということで、ネガティブに思われがちであるが、言語発達のある一定期間、この「偏り＝思い込み」は、乳幼児に多くの語彙を憶えさせるように駆動するのである。

　むしろ、幼児が抱くバイアス（形バイアス）は、学習の仕方を洗練させる上で有益に働く。というのも、幼児が形バイアスを自らのルールとし、そのルールを別の対象に使うことは、それ自体間違っているにしても、新たな知識を習得する上での推論として働くからである。その推論とは、アブダクションである。彼らが述べるように、「ブートス

トラッピング・サイクルを駆動する立役者はアブダクション（仮説形成）推論である。」［今井むつみ・秋田喜美，2023：218-219］，と。

そして，「語彙が増えるとさらに子どもは，一般化するときに大事なのは，モノの形とは限らず，『卵から生まれる』……などの内的な性質だということに気づくようになる。モノの内的な性質を共有するほうが形よりも大事なのだという認識を得て，形バイアスそのものを修正し，対象のより本質的な性質に目を向けるようになる。」［今井むつみ・秋田喜美，2023：197］

以上，今井らが構築する「ブートストラッピング・サイクル」の具体例（名詞学習）をみてきたが，前出した知見をアナロジーと関連づけると，次のようになる。

今井らの実験結果からわかるように，乳幼児は，「ネケ」という名前（ことば）を，形以外の他の特徴は度外視して，形が類似するものに対して使用できると判断する。つまり，乳幼児は，ことば（名前）と形が，一対一に対応していると考える。この場合，乳幼児は恐らく，アナロジーによって名前（ことば）と形を結びつけたと考えられる。名詞（ことば）と形は，直接的な類似性のうちにある。つまり，「ネケ１：形α」＝「ネケ２：形α」という関係にある（ここで，「ネケ１」が原型となり，他の特徴はともかく形が類似するモノ［「形α」］は「ネケ２」，「ネケ３」……「ネケn」となる）。

このように，乳幼児は当初，形というルール（実際は，形バイアス）によって，名詞と形を一対一に対応づけていた。ところが，ある時期

を境に，モノの内的な性質の重要性を認識して，形バイアスを修正する。いわゆる，見た目よりも中身を重視するようになる。それは，乳幼児にとってルールの変更もしくは学習仕方の移行を意味する。こうした，「モノの形」重視から「モノの内的性質」重視への移行については説明を要する。

こうした移行は，前述した図 11 を手がかりにすることで説明できると考えられる。それは，次の図12のように表される。

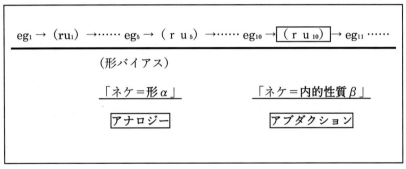

図12　アナロジーからアブダクションへの移行（一例）

当初，乳幼児にとって，名前（ことば）の認識は，モノの形との直接的な類似性を基準にすれば十分であった。つまり，乳幼児からみて「ネケ」という名前に対応するモノは概ね，αのような形をしていた。いま述べたことは，図12の「$eg_1 \to (ru_1) \to \cdots\cdots eg_5 \to (r\ u\ _5) \to \cdots\cdots eg_9 \to (r\ u\ _9)$」，すなわちアナロジーに匹敵する。つまり，乳幼児は「形の法則」を「(ru_1)」，「$(r\ u\ _5)$」のように，ほとんど顕在化し得ないままに，αの形をしたモノを「ネケ」とみなしていた。しかも，乳幼

IV. アナロジーからアブダクションへの進展

児は，αの形をしたモノ（＝事例）にいくつか遭遇する度に「αの形をしたモノが『ネケ』という名前」なのだという確信を強めていったのだ（ru の拡大表現）。その結果，乳幼児の中では，αの形をしたモノならば何でも「ネケ」だというように，「形バイアス」が作り出されることになる。ただ，幸いにも，こうした誤った行動は，結果として数多の言葉を記憶する機会となった。しかも，子どもは，ネケ以外の名詞（ことば）を形の類似性によって対応づけるのである（そのことで子どもの語彙は増える）。

しかしながら，観察実験が示すように，乳幼児はある時点で認識仕方が根本的に変容する。これまで，「ネケ」という名前（ことば）は，類似性の原理のもと，モノの形と結びつけられてきたが，一転してモノの内的性質と対応づけられるようになる。それはたとえば，「ネケ$_{10}$」：「内的性質β」＝「ネケ$_{11}$」：「内的性質β」と表される（この場合，ネケに付けた番号 10・11 は，形バイアスを抱いていた，ネケ 1～9 から後という程度の意味である）。

図 12 において，モノの形から内的性質への根本的移行は，r u$_{10}$ の箇所である。この段階（時点）に到って，乳幼児は「ネケもしくは名前は，内的性質に拠る（基づく）」という法則（ルール）を認識するようになるのだ。こうした移行は，能力の向上というよりも，推論の仕方そのものの変化である。こうした移行の後，乳幼児はアナロジー主導のアナログ（「形」）の世界からアブダクション主導のデジタル（「内的性質」）の世界へと踏み出すことで，はるかに多くの言語を学習でき

るようになるのである。
　以上のことから，ブートストラッピング・サイクルの中核にあるのは，アブダクションであり，その前段階にアナロジーがあることがわかる。

V. 学校知識を駆動する演繹的推論

1. 学校知識の構成法
　　――要素還元主義を中心に

　一般的にいうと，学校とは，教師が教科書に基づいて口授と板書，すなわち言語（話し言葉・書き言葉）を駆使しながら，大量の知識（教科の内容）を生徒（児童生徒）に向けて一斉に伝達・説明する教育の場である。ここで，教科書を通して教師が生徒に伝達・説明する学校特有の知識のことを「学校知識（knowledge transmitted at school）」，こうした「学校知識」の伝達方式のことを「一斉教授法（recitation）」，と各々呼ぶとすれば，学校教育の中核は，言語および数・記号による，学校知識の一斉教授にある，ということになる。

　ここで重要なのは，生徒によって学校知識が言語・数・記号（以下，「言語・数」と略記）として「頭の中だけに（solely inside heads）」刻みつけられ（＝インプットされ）――いわゆる記憶（記銘・保持）され――，貯め込まれるということである。ここで学校知識は，「頭の中に」「貯め込まれる」・「詰め込まれる」といった，所有のメタファーで表される。しかも，生徒の「頭の中に」貯め込まれた（＝インプットされた）

学校知識は，定期試験や入学試験において生徒が問題文の指示に即して加工しつつ，言語・数で解答する（＝アウトプットする）ことになる。しかも，生徒は試験という限られた時間の中で，迅速かつ正確なアウトプットを求められる。皮肉なことに，生徒の中にインプットされた学校知識が，アウトプットされる唯一の機会は，一連の試験だけなのである。裏を返せば，生徒にとっては，一連の試験こそ自らの学習成果を発揮する唯一の機会なのだ。

　ここで気づくことは，学校知識が常に，言語・数によって生徒にインプットならびにアウトプットされるということである。つまり，学校知識では，自然現象や社会現象についての「正しい」知識（概念）をそれらが生成された状況や文脈から切り離した上で，その定義なり法則なり規則なりを生徒に教えてきたのである。生徒からすれば，知識，たとえば「気体の体積と圧力に関する法則」，いわゆるボイルの法則は，「ＰＶ＝Ｋ」（気体の体積＝Ｖ／圧力＝Ｐ／Ｋは一定）という関係式で示される（なお，この法則は，「温度を一定に保った状態においては，一定質量の気体の体積は圧力に反比例する」というものである）。これはほんの一例であって，自然現象および社会現象についての法則・規則は，「気体の体積と圧力の関係」という「対象」と，「ＰＶ＝Ｋ」という「数式」もしくはそれを説明する「言語」との対応関係で示される。

　このように，学校知識およびそのベースとなる教科書は，大量の知識を伝達するという必要性からやむを得ないこととはいえ，「対象」と「言語・数」を対応関係として記述している。学校教育およびその教

V. 学校知識を駆動する演繹的推論

授法（教育方法）が言語主義であるといわれる元凶は、「対象」と「言語・数」を対応させる、学校知識そのものの記述形式にこそある。

　以上のことからすると、学校教育の問題点は、どのように教えるかという教授法ではなく、それ以前に学校知識の記述形式そのものにあることがわかる。つまり、真の問題は、学校知識の前提となる知識観（エピステモロジー）に見出されるのだ。学校知識が言語・数によって伝達・説明できる「知」であるということは、それを伝達する教師（の経験や能力）および伝達される生徒（の経験や能力）とは無関係に、いわば独立して「外部に」存立する、同一の実体（客体）であることが要請される。そうであるがゆえに、教師から生徒への、「知識」の伝達は、その所有の移転もしくはその所有者の拡張となるのである。裏を返せば、教科書は、その内容はさておき、「対象」と「言語」の対応づけが客観的で正しい記述法から構成されているのである（その点は、教科書に準ずる参考書やドリルなども同様である）。

　こうした教科書の記述法は、主体－客体の二分法を採るモダニズムの発想（モダニズムの認識論）と同型である。この点については、久保明教が、B.ラトゥールのアフターネットワーク理論に基づきながら、次のように述べている。

　「第一に、私たちが世界を適切に認識し世界に適切に働きかけうることの根拠を、理性的な人間のあり方に求めるモダニズムの発想がある。『知る』ということは、外側から客観的に対象を観察し、対象と正確に対応する表象を与えることである。……対象と表象の正確な対応

は，原理的には，知る者が外側から世界に対応する言明を与えることとして定式化される。」[久保明教，2019：223-224]，と。

ラトゥールのいう「対応説」については，図 12 のように表される。なお，図 12a は [Ratour, 1999=2007：88]，図 12b は [久保明教，2019：17] に基づく。

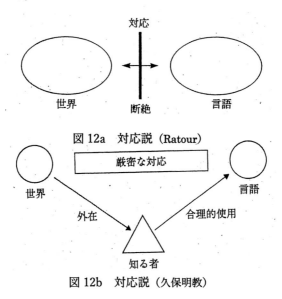

図 12a　対応説（Ratour）

図 12b　対応説（久保明教）

久保が述べるように，モダニズム認識論の特徴とは，主体が外側から客観的に対象を客体として捉え，「対象と表象の正確な対応」を行うこと，すなわち「知る者（＝主体）が外側から世界（＝客体）に対応する言明を与えること」にある。肝心なのは，「対象＝世界」と「表象＝言語」との厳密な対応である。モダニズム認識論において肝心なのは，知る者は常に外部から観察することと，「世界」と「言語」が対応する

V. 学校知識を駆動する演繹的推論

こと，もしくは，「言語」が「世界」を指示すること，の二つである。裏を返せば，「世界」と「言語」が対応するという認識論が可能なのは，実は，神の視点のように，外側からの立場に立つ限りにおいてである。したがって，モダニズム認識論を駆動するのは，神の視点に取って代わった，人間の理性の力となる。

こうして，「世界（対象）」と「言語（表象）」との厳密な対応を外側から措定するのがモダニズム認識論である。

以上，モダニズム認識論について述べてきたが，それと同様に，「対象と言語の正確なもしくは厳密な対応」という知識観を前提に構築されてきたものが，学校知識であり，学校の教科書である。強調すると，「対象と言語の正確なもしくは厳密な対応」およびそれを前提とする知識観を採ってきたのは，学校教育である。学校教育が，言語主義教育もしくは暗記主義教育だとして論難されてきた原因は，「対応説」に収斂すると考えられる。学校知識は，モダニズム認識論の典型なのである。

では，あらためて，学校知識の特徴について述べることにする。

まず一つ目の特徴は，学校知識が近代的な知育のうち，科学的な知識や技術を主要領域とするものであり，しかもこの領域内での知識や技術に限っては，言語によって合理的，明示的に習得できるものとみなされてきたことである。つまりこの類いの知識は，知り手である個々の学習者から独立して客観的に存在することになる。その端的な現れは，教科書であり，その内容の是非はともかく，それは客観的な真

理・真実を記述したものとみなされている。見方を換えれば，学校知識の主要領域である科学的な知識や技術を個々の生徒たちが習得するためには，言語以外の要素，すなわち個々人の身体的，暗黙的なわざ（M.ポラニーの「暗黙知」）が不可欠であるにもかかわらず，それを無視もしくは排除している。学校知識（科学的な知識や技術）にとって生徒の主観は，客観性を揺るがすものでしかないのである。

　もう一つの特徴は，一つ目の特徴に関連して，学校知識が，近代科学の要素還元主義に基づいて構成されていることである。ここで要素還元主義というのは，「分解－統合」操作——「物事を要素にまで分解し，それらの要素を再びつなぎ合わせて複雑な全体像を作りあげるという方略」，すなわち「分析のストラテジー」［Cole, 1985：121］である。

　要素還元主義を児童生徒の学習法に沿って述べると，それは，まず習得すべき知識や技術（学習課題）の全体がどのような要素から成り立っているかを分析した上で，その中で最も基本的で単純な，最下位の要素へと還元するとともに，単一の，最下位の要素から要素の複合へと，すなわち易しいものから難しいものへと，諸要素を機械的に組み合わせるという構成法である。ここで要素とは，言葉で記述可能なものである。そして，学年が進めば進むほど（上に行けば行くほど），学習課題は経験やモノとのかかわりを失った，言葉だけの世界となる。

　たとえば，学校でなされる読み書きの教育を引き合いに出せば，ここでは，最も基本的で単純な下位の要素が文字へと確定された上で，

V．学校知識を駆動する演繹的推論

個々の文字から単語へ，単語から文へ，単文から長文へ，という具合に順次積み上げられていくように構成されている。ただ，こうした方法は，学校における教科学習ばかりとは限らない。学校外で個々の子どもによって自主的に習得される西欧の芸術においても同様の方法が採られている。たとえば，ピアノの場合，最も下位の要素が音譜記号へと確定された上で，音譜記号の初歩から音符の組み合わせが比較的簡単なバイエルへ，そして，バイエル106番までを経てソナチネへ，ソナチネからソナタへ，というように単純で易しいものから複雑で難しいものへと，順次積み上げられている。これ以外にも，バレエならば「パ (pas)」という最も基本的なものの練習に多くの時間をかけて，基礎がしっかり出来上がってから，作品に入っていくというのが常道とみなされている。

以上，学校知識の特徴を二つ挙げたが，児童生徒に多大な影響を与えているという点で，より重要なのは，二つ目である。

繰り返すと，学校知識は，近代科学の要素還元主義に基づいて構成されていて，その構成法が近代科学の要素還元主義にしたがって，全体から最も基本的で単純な（＝単一の）要素への還元およびその最下位の要素から要素の複合への複合（＝全体）という構成法を採っている。ここで要素還元主義とは，全体→基本要素（部分）→全体という思考法となる。それは，K.マルクスが経済学の方法として用いた，「下向法－上向法」と同型である（マルクスは，経済の［最下位としての］基本要素を「商品」に見出した）。

ところで，教科書記述におけるこうした要素還元主義は，どのようなメリットがあるのか。そのメリットは，児童生徒にとって要素還元主義を通して単純化された知識は，何よりも記憶しやすいことにある。その際，生徒に求められるのは意味記憶である。それは，脱文脈において存在するモノや言葉の意味についての記憶のことである。それは，エピソード記憶とは異なり，主体を離れて事実そのものを機械的に記憶するものである。科学の方法と知識の学習法は，同一なのである。

しかも，この類いの知識には，明確な答えがある。裏を返すと，単純化され，正解のある知識は，複雑さを縮減している。むしろ，生徒は，要素還元主義によって自然や社会についての対象・事象を複雑に考えることを回避できるのだ。そのことは，教える側にとっても知識伝達の効率性という点でメリットがある。要は，単純化された知識は教えやすいのである。

以上のことは，従来の社会科教育，特に歴史教育をみれば，明らかであろう。これまで，歴史教育において生徒は，要素還元主義によって単純に整序された知識，すなわち歴史の年号や史実を数多く，記憶することを求められてきた。たとえば，生徒は，「鎌倉幕府は1192年に造られた」という知識を「い・い・く・につくろう鎌倉幕府」という語呂合わせによって暗記してきた（近年，鎌倉幕府成立年については，諸説が出され，それは暗記の対象から除外されている）。

これ一つをみれば明らかなように，近代科学の要素還元主義は，教科書をはじめとする学校教育のカリキュラム構成法を駆動してきたの

である。しかも，学習内容の「分解－統合」（全体→部分→全体）操作と段階的な配列から成る，学校知識の構成法は，すでに特定の学習方法の体系化を指し示している。つまり，生徒がこの「構成法＝学習法」に沿って順次的，段階的に全体を学習し終えたあかつきには，科学的な知識や技術が彼らに習得されているはずだというものである。このように，学校知識そのものには，予め，段階的な学習法が組み込まれていて，生徒個々による独自の学びは最初から捨象されているのである。

2. 増殖する学校知識

ところで，学校知識とは，要素還元主義にしたがって単純化された，正解のある知識であり，そうした知識を教師が生徒に伝達するわけであるが，それが生徒に与える影響力はこれだけにとどまらない。つまり，教科書に記述されている知識は，正解もしくは真理・真実であることから，その知識は，演繹法によって増殖されることになる。ここで再び，推論の圏域に入る。次に，知識，特に学校知識を増殖する推論である演繹（演繹法）について述べることにする。

一般に，日本の学校教育においては，生徒が学校知識，たとえば定理や公式を数多くインプット（記憶・入力）して，試験や入試の場でそれらを操作しながら正解をアウトプット（解答・出力）する仕様となっている。つまり，学校知識は正解であることが前提とされている。裏

を返せば，論証抜きで真だとみなされる公理が決定すれば，後は，その公理から次々と数多の定理が導出されてくるわけである。このように，「公理→定理」から成る論理的推論とは，演繹である。演繹においては，一般的な前提から個別の結論が得られるのであった。大局的にみれば，学校知識（ひいては，学校教育）について，生徒にとっても教師にとっても，演繹法および演繹法的思考が優勢であり続けているのは，「正解＝公理」が明確で疑いようがなかったからである。しかも，学校では，「正解＝公理」を前提にしなければ，試験や入試での評価がゆらいでしまう。生徒の成績を公正に評価するためには，正しい知識が不可欠なのである。

　学校知識を超えて，演繹法および演繹法的思考についての教訓を一つ挙げるとすれば，それは，天動説から地動説への転回である。一般的に，天動説とは，私たち人類が住む地球が宇宙の中心であり，その地球の周りを太陽が回っているという考え方である。それに対して，地動説とは，天動説とは逆に，太陽の周りを地球が回っているという考え方である。学校知識では，こうしたコペルニクス的転回は，理科で学習する，科学史上の事件として取り扱われている。

　しかしながら，事実は異なる。つまり，こうしたコペルニクス的転回は，単に天文学に関する知識レベルの更新にとどまらない。この転回によって私たち人類の地球は，宇宙もしくは世界の主役から脇役へとシフトした。もっといえば，地球の価値は，格落ちしたのだ。その結果，私たち人間の威厳や権威，いわゆる人間中心の考え方（人間中心

主義）が崩壊したのである。正確に述べると，こうした人間中心主義という考え方を作り上げたのは，当時，権力を掌握していた，一部の身分の高い人たち（王様・神官），いわゆる権力者である。そのため，権力者が作り上げた社会秩序，特に王様・神官と平民とのヒエラルキーは，根本からゆらいだのである。ただ，そのことが即，身分制度の撤廃に繋がったわけではない。にもかかわらず，権力者が恣意的に作り上げた社会秩序（ヒエラルキー）は疑問視されると同時に，地球が太陽の脇役でしかないのと同じように，すべての人間は脇役でしかない，所詮，人間は同じだ，という平等の原理が作動し始めることになる。

　このようにみると，この天文学的転回の影響は，知識レベルの刷新よりも，人間中心主義の思考様式（権力者が作り上げた社会秩序）に対する打撃の方がはるかに大きい。少なくとも，そのことは当時，社会的な支配・統治の中心にいた為政者や権力者への大きなダメージとなったことは相違ない。そのことは，天文学的転回を契機とする世界観・人間観の転覆と呼ぶに値する。

　以上述べたように，コペルニクス的転回によって崩壊したのは，まず，「地球が宇宙の中心にあり，その地球の周りを太陽が回っている」という地球中心主義の公理であり，その公理から導き出される人間中心主義の定理であり，そうしたイデオロギーのもと，権力者が作り上げた社会秩序（特に，ヒエラルキー）の絶対性という定理である。こうして，コペルニクス的転回は，地球中心主義の公理→人間中心主義の定理→一部の権力者が作り上げた社会秩序の絶対性という定理といっ

た演繹法および演繹法的思考をドミノ倒しのように，なし崩しにしていったのである。恐らく，こうした一連の天文学についての知識は，学校知識として教授されていないと思われるが，演繹重視の学校教育を見直す上で重要な学習教材となる可能性がある（ガリレオは，「それでも地球は回っている」と語り，地動説の正しさを唱えたことで死刑に処せられたが，彼を抹殺したのは，自らの地位・立場を保守したい，当時の権力者なのである）。

　繰り返すと，学校知識は，普遍的な前提（大前提）としての「正しい」公理が確定できれば，演繹法によって次から次へと「正しい」定理を導き出せばよいわけである。演繹的思考は，すべての学校知識（教科）に適用可能である。重要なことは，すべての教科書が「正しい」知識から成るということである。

　この点に関連して，橘 玲は，「科学では。演繹法は個々の事実によって検証され，整合性のない公理（仮定）は捨て去られていく」[橘玲，2024：7]，具体的には，「ケプラーとニュートンが，太陽を中心に惑星が楕円軌道を描いていると仮定することで，すべての矛盾がきれいに解消できることを証明した」[橘玲，2024：7]，ひいては地動説の正しさを証明したと述べた上で，次のように注目すべきことを指摘している。

　「ところが陰謀論では，自分にとって都合のいい公理（真理）を最初に設定すると，それを証明する（ように見える）"事実"だけを集めて別の現実をつくり出していく。この『もうひとつの世界』を構成するのが，『オルタナティブファクト（もうひとつの事実）』である」[橘玲，2024

V. 学校知識を駆動する演繹的推論

：7]，と。

　ここでは，陰謀論についての言及は避けるが（橘は，Qアノンの陰謀論を取り上げている），この論述は，演繹法の危険性を明確化している。つまり，私たちが恣意的に公理を最初に設定してしまうと，後は，その公理が正しいことを証明するような定理（事実）が次から次へと作り出され，その結果，「別の現実＝もうひとつの世界」が構成されてしまうのである，と。このとき，公理は偽へと反転するのだ。ところが，この「もうひとつの世界」を演繹法によって作り出した創作者は，その世界が実在するもの，正しいものだと思念してしまうことになる。これは，演繹的推論の暴走である。しかも，「多くのひとが『自分にとっての（安易な）真実を発見し，そこから演繹的に構築した世界観をSNSで拡散させることで，社会が混乱していく」[橘玲，2024：8]のである。

　こうして，演繹法によって，学校では正解（公理および定理・公式），SNSを含む社会では恣意的な事実や世界観が，各々，増殖されるわけであるが，この事態をどうすれば改善することができるのか。この点について，橘は，帰納法に期待を寄せている。地動説（コペルニクス的転回）が，ケプラーやガリレオの科学者によって多くの科学的データを収集・集積しながら試行錯誤することで実証されたように，「事実に基づいて世界を帰納法的に構築していく」[橘玲，2024：8]ことが求められる，と。

　しかしながら，帰納法は，大量のデータの収集に労力と時間（総じて，コスト）を要することから敬遠される傾向がある。このように，解

決策はすでに明確であるにもかかわらず，それを実行に移すことは困難なのだ。では，どうすればよいか——それは，ルール学習を活用することにある。

　当初，ルール学習は，学習法の中心に帰納法を据えるものであった。ところが，ルール学習は，子どもの心理プロセスを重視するという考え方から，「事例→法則→事例→……」という授業方式を採った。生徒にとって，さらには，社会人にとって帰納法に基づく世界の構築が困難であるならば，ルール学習のように，一つの事例からとりあえず，仮の法則（法則らしきもの）を作り出して，それをまた別の事例に適用する，そしてこのプロセスを繰り返すことで，仮に法則としたものが正しい法則であることを実証すればよいのである。これは，前述のように，アナロジーからアブダクションへと移行する探求法となる。実質的には，それは，帰納法ではなく，アブダクションによる探求法なのである。

文　献　＊参考文献も含む

Adams,C.　2019　The Six Secrets of Intelligence:Change the Way You Think About Thinking, Icon Books Ltd.（C.アダムス，池田真弥子訳『賢い人の秘密』文響社, 2022年。）

アリストテレス　1997　『アリストテレース詩学／ホラーティウス詩論』（松本仁助訳），岩波書店。

Cole,M.　1985　「リテラシーの文化的起源」［東京大学総合図書館会議室での講演記録］，（佐伯胖編『理解とは何か』認知科学選書 4，東京大学出版会。）

Edelman,G.M.　1988　Topobiology: An Introduction to Molecular Embryology, Basic Books.（G.M.エーデルマン，神沼二真訳『トポバイオロジー──分子発生学序説──』岩波書店，1992 年。）

Edelman,G.M.　1992　Bright Air,Brilliant Fire: On the Matter of the Mind, Basic Books.（G.M.エーデルマン，金子隆芳訳『脳から心へ──心の進化の生物学──』新曜社，1995 年。）

Eco,U.　1976　A Theory of Semiotics, Indiana Univerity Press.（U.エーコ，池上嘉彦訳『記号論Ⅰ・Ⅱ』岩波書店，1980 年。）

Edelman,G.M.　2004　Wider Than the Sky, Yale University Press.（G.M.エーデルマン，冬瀬純子訳・豊崎良一監修『脳は空より広いか──「私」という現象を考える──』草思社，2006 年。）

Edelman,G.M.　2006　Second Nature: Brain Science and Human Knowledge, Yale

University Press.

Evans,J.L.et.al. 1962 The Ruleg System for Construction of Programmed Verbal Learning, Sequences, **Journal Educational Research**,55, pp.513-518.

伏見陽児・麻柄啓一 1993 『授業づくりの心理学』国土社。

郡司ペギオ幸夫 2019 『天然知能』講談社。

Hesse,M. 1996 Models and Analogies in Science, University of Notre Dame Press. (M.ヘッセ，高田記代志訳『科学・モデル・アナロジー』培風館，1986年。)

Holyoak,K.J., Thagard,P. 1995 **Mental Leaps：Nalogy in Creative Thought**, The MIT Press. (K.J.ホリオーク，P.サガード，鈴木宏昭・河原哲雄監訳『アナロジーの力──認知科学の新しい探求──』新曜社，1998年。)

細谷　功　2011　『アナロジー思考──「構造」と「関係性」を見抜く──』東洋経済新報社。

細谷　純　1970　「問題解決」，八木冕監修，東洋編『思考と言語』講座心理学 8，東京大学出版会，207-236頁。

細谷　純　1976　「課題解決のストラテジー」，波多野完治・藤永保他『思考心理学』大日本図書，136-156頁。

細谷　純　1983　「プログラミングのための諸条件」，東洋編『学習と環境』講座・現代の心理学 3，小学館，301-388頁。

細谷　純　1987　「科学をどう教えるか──順序性と教授方略──」，『科学と技術の教育』岩波講座・教育の方法 6，岩波書店，139-172頁。

今井むつみ・秋田喜美　2023　『言語の本質──ことばはどう生まれ，進化したか──』中央公論新社。

文 献

今井むつみ　2024　『学力喪失――認知科学による回復への道筋――』岩波書店。

兼本　浩祐　2016　『脳を通って私が生まれるとき』日本評論社。

兼本　浩祐　2018　『なぜ私は一続きの私であるのか――ベルクソン・ドゥルーズ・精神病理――』講談社。

Kneale,W.　1949　Probability and Induction, Oxford University Press.

久保　明教　2019　『ブルーノ・ラトゥールの取説――アクターネットワーク理論から存在様相探求へ――』月曜社。

三上ナナミ　2024　『「気遣い」のキホン』すばる舎。

中井　孝章　2018　『頭足類身体原論』大阪公立大学共同出版会。

中井　孝章　2021a　『頭足類身体の自在圏』日本教育研究センター。

中井　孝章　2021b　『アブダクション／仮説演繹法の射程』デザインエッグ社。

中川　忠夫　1973　『類推思考のすすめ』産業能率短期大学出版部。

大嶋　仁　2017　『メタファー思考は科学の母』弦書房。

大嶋　仁　2020　『科学と詩の架橋』石風社。

大嶋　仁　2023　『生きた言語とは何か――思考停止への警鐘――』弦書房。

Ratour,B.　1999　Pandora's Hope: Essays on the Reality of Science Studies, Harvard University Press.（B.ラトゥール，川崎勝・平川秀幸訳『科学論の実在――パンドラの希望――』産業図書，2007年。）

Rootport　2024　『人類を変えた7つの発明史』KADOKAWA。

鈴木　宏昭　2020　『類似と思考　改訂版』筑摩書房。

高橋金三郎・細谷純　1974　『極地方式入門――現代の科学教育――』国土社。

外山滋比古　2024　『自然知能』扶桑社。

戸山田和久　2005　『科学哲学の冒険――サイエンスの目的と方法をさぐる――』NHK出版。

橘　玲　2024　『DO論――「解決できない問題」には理由がある――』集英社。

Turner,M.　1996　The Literacy Mind：The Origins of Thought and Language, Oxford University Press.

山野　弘樹　2022　『独学の思考法――地頭を鍛える「考える技術」――』講談社。

米森　裕二　2007　『アブダクション――仮説と発見の論理――』勁草書房。

あとがき

　専門書を取り揃えた大規模書店（たとえば，八重洲ブックセンター）はともかく，中規模書店から教育学関連書が消えてからかなりの年月が経った。こうした事情は，他の専門分野も同様であり，その主な理由として，一世を風靡した著名な学者が事実上，引退したことが挙げられる（彼らは一人で大手出版社から何冊もの本を刊行していた）。ただ，それにしても，あれほど書店を賑わしていた教育学書が2010年代くらいから激減したのは，異常事態というべきである。筆者が時折，立ち寄る田舎町の書店にも，「保育・教育コーナー」があるにはあるが，そこに並べられている図書の九割以上は，発達障害関連のものである。それに引き換え，教育のハウツー本数冊を除くと，教育学の専門書は，ゼロに等しい。

　では一体，教育学者はどこへ行ってしまったのであろうか――とはいえ，日本教育学会をはじめ，数多の専門学会は健在であり，毎年，多くの論文が発表されている。教育学者は各自，自らの研究課題を持ち，その研究に邁進しているのだ（筆者は，そのことを否定しているわけでは決してない）。

　ところが，その一方で，多くの教育学者に共通する話題が見つからなくなってしまったのだ（ちなみに，筆者は21世紀初頭に吉田武男氏主導のもと，共著を通して「スクールカウンセラー」問題を教育学界に投げかけた）。

　一昔前であれば，学力論争は，勝田＝広岡論争をはじめ，専門書でも専門雑誌でも，烈しいバトルが繰り広げられた。いまからみると，そうした論争の大半は，イデオロギー論争にすぎなかった。20世紀，特に戦後は，米ソの冷戦と相似形のイデオロギー論争が，教育学の世界においてもなされていたわけである。

　裏を返せば，教育学分野でも，そうしたイデオロギー論争がなくなれば，個人研究はともかく，教育学に注入する熱量が低下し，論争相

手との格闘の中で生み出される言説が減少するのは，当然である。思い起こせば，筆者が大学生〜大学院生の頃，あれほどイデオロギー論争に熱狂していたのは，大衆が中間集団としての学校・学級に身を寄せること（＝第二次プライバタイゼーション）に加えて，ソ連型集団主義教育および左翼系教育思想が教育学業界を席巻していたからである。当時，主要国立大学では，社会主義勢力が優勢であり，その勢力にごく一部の批判者が対峙するという構図であった（広島大学教育学部では，集団主義教育の，支持グループ vs 批判グループといった対立構図が明確であった）。

　社会主義熱というか，コミンテルン熱というか，それらの幻想がソ連の崩壊とともに，砕け散った結果，前出のイデオロギー（学力論争など）は消失するのとパラレルに，教育学そのものも衰退していったのである。

　一言でいえば，教育学の隆盛の背景には，イデオロギーがあったのだ。そのように考えるならば，今日の教育学の凋落は，喜ばしいとまではいえなくても，歓迎すべきだというべきかもしれない。冷戦時代はとっくに終焉し，イデオロギー論争の社会的需要はなくなったのだから（それでもなお，集団主義教育の指導者は，修正を加えながら，集団主義教育を維持しているのには恐れ入る。それとも，これはサンクコストの究極形なのか）。

　ところで，以上のように，一昔前の教育学の隆盛を回顧した上で，筆者は次のように考える。

　学校を中心とする教育および教育学理論を純粋に構築することができないか，と。いわゆる「純粋教育学の構築」である。このネーミングは，H.ケルゼンの純粋法学を形式的に真似たものである。つまり，純粋教育学とは，イデオロギーをはじめ，その時々の社会を支配する価値観に囚われることなく，学校教育について中立的にかつ純粋に記述するというスタンスの謂いである。これまで筆者は，純粋教育学の構築に向けて日々，準備をしてきた。その準備の過程で，筆者にとっ

て，何よりも，役に立ったのは，プロ教師の会の教育言説である。筆者は，教育学者や教育実践者を目指すのであれば，諏訪哲二をはじめとするプロ教師の会の教育言説を学ぶべきだと考えている。その教育言説は，学校教育がどのようなメカニズムによって成り立っているのか，何が学校を駆動しているのかを冷徹に捉えている。しかも，それを教育言説として明解に言語化している。筆者が「純粋教育学」という場合，最も近いスタイルは，プロ教師の会の教育言説なのである（それに，「学級」概念を徹底的に問い直した柳　治男氏を加えるべきであろう）。

一見，本書の内容とはまったく異なる事柄を記述してきたようにみえる。ところが，実は，本書の中で述べてきた，自然知能やアナロジーは，学校に入る前の，就学前児童（幼児）が自然に身につけている能力の一つであり，学校教育（学校知識）を捉える上で不可欠なものである。特に，アナロジーは，子どもの中にアプリオリに実在していることから，イデオロギー（妄想観念）とはまったく無縁である。だからこそ，副題に掲げたように，アナロジー（類推思考）の成果である「学校前・外知識」は，取り上げなければならないのだ。

なお，本書では，極地方式の「ルール学習」，前著（『ノンモダンとしての経験学習』）では，社会科の授業を創る会の「ものをつくる授業」，というように，唯物論の立場に立つ授業方式を取り上げたが，筆者からすると，両者とも，イデオロギーには還元し得ない知見を提示しているのである。

本書で取り上げたルール学習は，帰納法と演繹法を採らずに，子どもの心理過程を重視することで，筆者が分析したように，その中にアナロジーとアブダクションをビルトインしていた。ルール学習は，アナロジーからアブダクションへの移行という可能性を持っているというのが，筆者の結論である。そのことは，アブダクションを中核に据えるブートストラッピング・サイクルモデルと同型である。

この点は，ものをつくる授業の場合も同様である。同授業を実践する社会科の授業を創る会は，唯物史観を採るイデオロギー集団である

ことに相違ない。ところが，ものをつくるという人類の活動の原点を経験学習という形で児童に取り組ませることは，彼らのイデオロギーを超えて多くの貴重な経験（米作り，パン作り，機織り，鉄作り等々）を児童に行わせたり，歴史的な知識を習得させたりすることにつながっているのである。

　このようにみると，理科と社会科という分野こそ異なれ，一昔前の授業研究グループの授業研究は，うわべのイデオロギーを超えて秀逸であり，今日でも学ぶべきことが少なくないのである。

　本書を含め，筆者の今後の研究課題が順調にいくという保証はまったくないが，これまで上梓してきた数多の著書・論文を足がかりに純粋教育学の構築を目指したいと考えている。本当の意味で教育学に注力を傾けるべきときは，いまなのである。

　　　　　　　　　　　　　　　　　　　　令和六年十月三十日
　　　　　　　　　　　　　　　　　　　　　　　　筆　者

著者略歴

中井孝章（なかい　たかあき）
1958年大阪府生まれ。現在，大阪公立大学生活科学部客員教授。学術博士。
主著：『学校知のメタフィジックス』三省堂／『学校身体の管理技術』春風社
単著（〈2010年〉以降）：
『子どもの生活科学』日本地域社会研究所＋hontoから電子ブック刊行
『配慮（ケア）論』大阪公立大学出版会
『忘却の現象学』，『イメージスキーマ・アーキテクチャー』，『無意識3.0』三学出版
『空間論的転回序説』大阪公立大学共同出版会
『教育臨床学のシステム論的転回』大阪公立大学出版会
『〈心の言葉〉使用禁止！―アドラー心理学と行動分析学に学ぶ―』三学出版
『カウンセラーは動物実験の夢を見たか』大阪公立大学出版会
『驚きの因果律あるいは心理療法のデイストラクション』大阪公立大学出版会
『防衛機制を解除して解離を語れ』大阪公立大学出版会
『脱感作系セラピー』【脳・心のサイエンス1】日本教育研究センター
『離人症とファントム空間』【脳・心のサイエンス2】日本教育研究センター
『頭足類身体原論』大阪公立大学共同出版会＋日本教育研究センターから頭足類身体シリーズ刊行
『〈子どもが「指導」に従いながら同時に「自立」する〉教育の可能性』デザインエッグ社
『カプグラ症候群という迷路』【脳・心のサイエンス3】日本教育研究センター
『進化するシンローグ：共話と協話』日本教育研究センター
『スマートフォン依存症の正体：オンライン後の「子ども」たち』日本教育研究センター
『生存のための身体信号（ソマティックマーカー）』【脳・心のサイエンス4】日本教育研究センター
『憑依と背後の身体空間』【脳・心のサイエンス5】日本教育研究センター
『頭足類身体の自在圏』【頭足類身体シリーズ・完結編】日本教育研究センター
『「道徳は教えられない」の進化教育学』日本教育研究センター
『注意散漫と注意集中の人間学』日本教育研究センター
『ノンモダンとしての経験学習：対応説としての学校知を超えて』日本教育研究センター
『純粋欲望機械としての乳児／幼児』日本教育研究センター
『思考指導の要請［圧縮版］：「心理学・心理療法」終焉の後に』日本教育研究センター，等

自然知能と類推思考
：学校前・外知識を見直す

2024年 12月 9日　初版発行
著者　　　　中井孝章
発行者　　　岩田弘之
発行所　　　株式会社　日本教育研究センター
〒540-0026　大阪市中央区内本町2-3-8-1010
　　　　　　TEL.06-6937-8000　FAX.06-6937-8004
　　　　　　https://www.nikkyoken.com/

★定価はカバーに表示してあります。乱丁・落丁本はお取り替えいたします。
ISBN 978-4-89026-230-4　C3037　　　　　　Printed in Japan